Les meilleures recettes illustrées de Maïté

LE RESTAURANT DE MAITE A RION-DES-LANDES

7-13, boulevard Paul-Émile-Victor
92521 Neuilly-sur-Seine Cedex

www.michel-lafon.com

Les meilleures recettes illustrées de Maïté

Photographies : Frédérique Le Calvez

Michel Lafon

Bon Appetit à Tous !

Maïté

Préface

Pas besoin d'être un grand chef pour savoir cuisiner !

Certains s'affolent devant une liste d'ingrédients trop longue, d'autres ont tout à apprendre, d'autres encore n'ont pas envie de passer des heures dans leur cuisine... Pour tous ceux-là et pour les autres, j'ai concocté une sélection de recettes simples, traditionnelles et savoureuses : quiche lorraine, soupe à l'oignon, poulet basquaise, blanquette de veau, bœuf bourguignon, gigot d'agneau, sole meunière, gratin dauphinois, tomates farcies, petit salé aux lentilles, tarte aux pommes, madeleines... Des incontournables à mitonner au quotidien, le dimanche en famille ou pour un dîner entre amis.

Pour accompagner vos bons petits plats, quoi de meilleur qu'une mayonnaise, une béchamel ou une crème chantilly faites maison ? Et pourquoi pas, de temps en temps, des coquilles Saint-Jacques, un foie gras au torchon, un magret de canard Rossini ou des tagliatelles aux truffes ?

Faites-vous plaisir en cuisinant et en régalant votre entourage. Choisissez de beaux produits, allez au marché et plongez-vous dans ce livre dont les photos vous mettront l'eau à la bouche.

Laissez-vous guider et la cuisine n'aura plus de secret pour vous !

Maïté

Sommaire

Entrées

Plats

Desserts

Annexes

Index

Entrées

Entrées chaudes

Entrées froides

Tartes salées et feuilletés

Soupes

Entrées chaudes

CHATEAU D'ARVIGNE

Gougère

Préparation : 20 min
Cuisson : 50 min
Difficulté :
Coût :

Pour 6 personnes
150 g de farine
100 g de beurre
5 œufs
150 g de gruyère
1 pincée de noix muscade
Sel, poivre

Versez 25 cl d'eau dans une casserole, avec le beurre et du sel. Amenez à ébullition.
Hors du feu, jetez d'un coup la farine et remuez énergiquement avec une cuillère en bois jusqu'à ce que la pâte devienne homogène. Remettez la casserole sur feu doux et travaillez encore la pâte jusqu'à ce qu'elle ne colle plus ni à la cuillère ni à la casserole. Retirez du feu.

Ajoutez les œufs un par un, en battant bien la pâte entre chaque œuf.
Lorsque le mélange est bien homogène, ajoutez le gruyère coupé en fines lamelles ou râpé, un peu de poivre, du sel et une pincée de muscade.

Si vous la servez à table, versez la pâte dans un moule beurré et fariné en forme de couronne.

Si vous servez des petites gougères à l'apéritif, sur la tôle beurrée et farinée de votre four, disposez, côte à côte, des petites boules de pâte à l'aide d'une cuillère à soupe.

Faites cuire la couronne 30 minutes à four chaud (210 °C, th. 7) et 20 minutes les gougères individuelles.

Servez chaud avec une salade verte.

Les petits conseils de Maïté

Variez les saveurs en remplaçant le gruyère par un fromage de votre choix ou ajoutez des lardons.

Bouchées à la reine

Préparation : 30 min
Cuisson : 35-40 min

Difficulté : 2/3
Coût : 3/3

Pour 6 personnes
6 croûtes en pâte feuilletée
2 blancs de volaille
300 g de ris de veau
300 g de champignons de Paris
40 g de beurre
40 g de farine
1 tablette de bouillon de volaille
10 cl de vin blanc sec
10 cl de crème fraîche

Passez les champignons sous l'eau et coupez-les en morceaux.

Préparez 50 cl de bouillon de volaille. Plongez-y les ris de veau et les blancs de volaille pendant 20 minutes à feu moyen. Ajoutez les champignons 5 minutes avant la fin de la cuisson.

Sortez les ris de veau, les blancs de volaille et les champignons du bouillon et réservez-les.

Dans un faitout, faites fondre le beurre, ajoutez la farine à feu doux et remuez pendant 2 minutes. Puis mouillez avec le bouillon et portez à ébullition.

Coupez les ris et les blancs en petits morceaux et mettez-les dans le faitout, ainsi que les champignons.

Ajoutez le vin blanc puis la crème fraîche. Remuez souvent et laissez cuire 10 minutes à feu doux.

Faites chauffer les croûtes précuites dans le four (180 °C, th. 6). Lorsqu'elles sont chaudes et bien sèches, sortez-les et enlevez les chapeaux.

Remplissez les croûtes avec la garniture et reposez les chapeaux. Servez aussitôt.

Les petits conseils de Maïté

Vous pouvez remplacer les ris de veau par de la noix ou des escalopes de veau, ou encore par des quenelles.

Saucisson en brioche

PRÉPARATION : 20 MIN
CUISSON : 55 MIN
DIFFICULTÉ :
COÛT :

POUR 6 PERSONNES
1 saucisson de Lyon à cuire
150 g de farine
100 g de fromage râpé
50 g de beurre
3 œufs
6 cuillerées à soupe de lait
1 paquet de levure chimique
Sel, poivre

Mettez le saucisson dans une grande casserole d'eau froide. Amenez à ébullition, réduisez le feu et laissez frémir 25 minutes.

Pendant que le saucisson refroidit dans son eau, faites la brioche au fromage.

Mélangez la farine et les œufs battus, le beurre ramolli, le fromage, du sel, du poivre et le lait. Battez bien et ajoutez la levure.

Dans un moule à cake beurré et fariné, versez d'abord cette pâte. Ôtez la fine peau du saucisson et posez-le au milieu, laissez reposer une demi-heure.

Faites cuire à feu moyen pendant 30 minutes (200 °C, th. 6/7).

Les petits conseils de Maïté

Vous pouvez incorporer dans la pâte une poignée de pistaches décortiquées.

Omelette

Préparation : 5 min
Cuisson : 6 min

Difficulté :
Coût :

Pour 4 personnes
8 œufs
30 g de beurre
1 cuillerée à soupe de crème fraîche
Sel, poivre blanc

Battez les œufs dans un récipient, salez et poivrez.

Mettez la poêle à chauffer fortement. Versez les œufs dedans et baissez légèrement le feu.

Pendant la cuisson, avec une cuillère en bois, faites des replis dans l'omelette de manière à emprisonner des parties moins cuites.

Lorsque celle-ci est encore baveuse, répartissez dessus la garniture de votre choix et repliez-la immédiatement. Servez aussitôt.

Les petits conseils de Maïté

Ajoutez dans votre omelette des champignons, du fromage, des oignons, des pommes de terre, des lardons... selon vos envies.

Pour un pique-nique ou pour l'apéritif, essayez aussi l'omelette froide coupée en morceaux.

Pipérade

PRÉPARATION : 30 MIN
CUISSON : 30 MIN

DIFFICULTÉ :
COÛT :

POUR 4 PERSONNES
5 tomates
7 œufs
2 oignons
1 poivron vert
1 cuillerée à café d'origan
3 cuillerées à soupe d'huile d'olive
Sel, poivre blanc

Pelez les tomates et écrasez-les. Faites-les ensuite chauffer à feu doux 10 minutes dans une poêle, avec 1 cuillerée à soupe d'huile, et réservez-les dans un plat.

Dans la même poêle, faites blondir les oignons émincés dans l'huile avec l'origan et le poivron coupé en fines et courtes lamelles. Ajoutez les tomates et 2 cuillerées à soupe d'huile. Salez, poivrez et laissez mijoter 15 minutes à feu doux.

Battez les œufs, salez, poivrez et versez-les dans la poêle, sur la préparation, en remuant doucement de façon à ménager des replis et à conserver des parties encore baveuses.

Servez accompagné de pain frit et d'une salade.

Les petits conseils de Maïté

Remplacez les tomates par 200 g de pommes de terre coupées en lamelles, et vous obtiendrez l'omelette espagnole.

20
DÉPÔT
de la
LAITERIE de la
CÔTE D'AZUR
L. Otto Bruc

Entrées froides

Anchoïade aux olives

PRÉPARATION : 15 MIN

DIFFICULTÉ :
COÛT :

POUR 4 PERSONNES
300 g d'anchois salés
2 gousses d'ail
6 olives noires
25 cl d'huile d'olive
1 filet de vinaigre
Le jus d'1/2 citron
300 g de légumes crus au choix

Rincez abondamment les anchois. Enlevez têtes et arêtes. Pilez ail épluché, olives dénoyautées et anchois dans un mortier. Faites revenir le tout dans un peu d'huile d'olive à la cocotte. Ajoutez peu à peu le vinaigre puis le reste de l'huile. Tournez régulièrement pour obtenir une pâte homogène.

Remettez dans le mortier et incorporez le jus de citron.

Placez le tout au frais.

Servez avec des légumes crus découpés en lamelles.

Les petits conseils de Maïté

Pour adoucir un peu le goût de l'anchoïade, ajoutez 2 cuillerées à soupe de crème fraîche.

Rillettes de saumon

Préparation : 1 h
Difficulté :
Cuisson : 35 min
Coût :

Pour 6 personnes
700 g de saumon frais
200 g de saumon fumé moelleux
1 carotte
1 oignon
1 clou de girofle
1 branche de thym
200 g de beurre
2 œufs
Sel, poivre

Lavez et pelez la carotte et l'oignon. Émincez-les finement.

Versez 2 litres d'eau dans une casserole et portez-la à ébullition. Versez-y les carottes et les oignons, le clou de girofle et le thym. Salez et poivrez. Faites bouillir pendant 20 minutes. Baissez le feu pour ramener à frémissement et introduisez le tronçon de saumon frais. Laissez sur le feu, à frémissement, pendant 15 minutes, puis retirez du feu et laissez refroidir dans le court-bouillon.

Pendant ce temps, coupez le saumon fumé en dés.

Lorsque le court-bouillon est froid, égouttez le saumon, enlevez la peau et les arêtes et placez-le dans un saladier. Écrasez la chair à la fourchette en incorporant peu à peu le beurre et le jaune des 2 œufs. Salez et poivrez.

Battez les blancs des œufs en neige ferme.

Dans le saladier de saumon frais, versez les dés de saumon fumé. Mélangez. Incorporez les blancs en neige et mélangez délicatement.

Versez la préparation dans une terrine et conservez-la 4 heures au réfrigérateur avant de la sortir.

Les petits conseils de Maïté

Pour une recette express, mélangez une boîte de saumon avec 2 petits-suisses, le jus d'un demi-citron et de la ciboulette. Mettez 2 heures au réfrigérateur. C'est prêt !

Légumes crus farcis

Préparation : 15 min	Difficulté :
Cuisson : 3 min	Coût :

Pour 8 personnes

8 tomates
8 petites courgettes
8 gros champignons de Paris
200 g de fromage de chèvre
4 ou 5 gousses d'ail
Basilic
Huile d'olive
1 petit-suisse
1 citron
150 g d'olives noires ou de tapenade
Une petite boîte de thon
80 g d'anchois à l'huile
Persil
Sel, poivre

Enlevez la queue des tomates, évidez-les, salez-les ; disposez dans le fond le fromage de chèvre, puis mixez 2 gousses d'ail avec le basilic et l'huile d'olive pour recouvrir le fromage de chèvre.

Coupez les courgettes dans le sens de la longueur, évidez-les, faites-les blanchir dans l'eau bouillante 3 minutes. Mixez le petit-suisse avec du sel, le thon, la moitié du jus de citron et un peu de persil, puis remplissez les courgettes.

Nettoyez les champignons, détachez le pied terreux, et pressez un peu de jus de citron au fond des têtes. Mixez 2 ou 3 gousses d'ail, les olives, les anchois et le reste de persil, puis nappez le fond des champignons avec ce mélange. Placez le tout au frais.

Les petits conseils de Maïté

Ces légumes farcis font merveille à l'apéritif.

Salade d'épinards aux foies de volaille

PRÉPARATION : 4 MIN

DIFFICULTÉ :
COÛT :

POUR 4 PERSONNES
250 g d'épinards (jeunes pousses de préférence)
1 tranche épaisse de jambon cuit
4 foies de volaille
3 cuillerées à soupe d'huile d'olive
Vinaigre de cidre
Sel, poivre

Équeutez et lavez les épinards. Essorez-les. Avec des ciseaux, coupez-les en lanières.

Dans un saladier, faites une vinaigrette avec l'huile d'olive et 1 cuillerée à soupe de vinaigre de cidre. Salez et poivrez. Ajoutez les épinards. Fatiguez (remuez longuement) la salade et réservez-la.

Coupez le jambon en lanières et faites-les dorer dans une poêle avec un peu d'huile. Répartissez-les sur les épinards.

Dans une autre poêle, faites cuire quelques minutes les foies de volaille avec un peu d'huile. Garnissez-en la salade.

Versez un peu de vinaigre dans la poêle et remuez pour déglacer. Ajoutez ce jus à la salade. Assaisonnez, mélangez bien et servez.

Servez chaud avec une salade verte.

Les petits conseils de Maïté

Pour varier les plaisirs, on peut remplacer les foies de volaille par des gésiers.

Salade landaise

PRÉPARATION : 20 MIN
CUISSON : 7 MIN

DIFFICULTÉ :
COÛT :

POUR 4 PERSONNES

- 1 foie gras de canard entier
- 1 magret fumé en tranches
- 6 gésiers confits
- 1 laitue
- Des pignons de pin
- Quelques baies roses (facultatif)
- 1 petit bouquet de cerfeuil
- 4 cuillerées à soupe d'huile de noix
- 2 cuillerées à soupe de vinaigre balsamique
- Sel, poivre

Lavez et épluchez la laitue.

Dans une poêle, faites dorer les gésiers, que vous aurez coupés en rondelles. Salez, poivrez, puis réservez-les.

Posez les feuilles de salade dans un plat. Au centre de celui-ci, installez le foie gras et disposez autour les tranches de magret fumé, les gésiers encore tièdes et les pignons de pin.

Pour finir, décorez le plat avec les baies roses et le cerfeuil haché.

Faites votre vinaigrette avec l'huile de noix, le vinaigre balsamique, du sel et du poivre, et présentez-la à part.

Les petits conseils de Maïté

Pour redonner de la fraîcheur à une salade verte, plongez-la un quart d'heure dans de l'eau tiède.

Salade de lentilles

Préparation : 10 min
Cuisson : 45 min
Repos : 1 h (trempage)

Difficulté :
Coût :

Pour 4 personnes

300 g de lentilles vertes
2 oignons
100 g de lardons fumés
1 couenne
40 g de beurre
1 gousse d'ail
1 bouquet garni
40 cl de vin blanc sec
6 cuillerées à soupe d'huile d'olive
2 cuillerées à soupe de vinaigre de Xérès
1 cuillerée à café de moutarde
5 brins de persil plat
Sel, poivre

Faites tremper les lentilles 1 heure dans l'eau tiède. Égouttez-les.

Épluchez et émincez l'ail et les oignons.

Faites-les revenir sur feu doux dans une poêle avec la moitié du beurre. Remuez quelques minutes et ajoutez les lentilles. Salez, poivrez et ajoutez le bouquet garni. Versez le vin blanc et 20 cl d'eau. Amenez à feu vif jusqu'à l'ébullition. Faites réduire et couvrez pour laisser mijoter pendant 40 minutes.

Pendant ce temps, dans un saladier, préparez la vinaigrette avec l'huile d'olive, le vinaigre de Xérès, la moutarde, du sel et du poivre. Puis faites revenir les lardons dans une poêle.

Égouttez les lentilles et retirez le bouquet garni. Versez-les encore chaudes dans le saladier, sur la vinaigrette. Recouvrez cette salade avec les lardons et saupoudrez de persil plat haché.

Les petits conseils de Maïté

Demandez une couenne à votre boucher.
Cette recette est également délicieuse froide.

Terrine de foie gras au sauternes

Préparation : 20 min
Cuisson : 25 min
Marinage : 12 h

Difficulté : 2/3
Coût : 2/3

Pour 6 personnes
650 g de foie gras de canard cru
10 cl de sauternes
1 cuillerée à café de poivre blanc moulu fin
1 cuillerée à café de sel

Préparez le foie gras. Séparez délicatement les lobes du foie bien froid. Retirez les nerfs et les veines avec un petit couteau pointu. Rincez le foie dénervé sous l'eau froide. Égouttez-le et épongez-le.

Salez et poivrez les lobes, posez-les dans une terrine pouvant juste les contenir. Versez le sauternes et glissez la terrine au réfrigérateur. Laissez mariner pendant 12 heures.

Allumez le four sur 150 °C (th. 5). Retirez la terrine du réfrigérateur. Retournez le foie dans la terrine. Fermez la terrine et posez-la dans un grand plat creux rempli d'eau chaude. Mettez au four et laissez cuire 25 minutes au bain-marie.

Retirez du four et laissez tiédir. Posez ensuite sur le foie un film alimentaire, puis une petite planche aux dimensions de la terrine. Reposez par-dessus un poids afin de bien tasser le foie. Mettez le plat 2 heures au réfrigérateur. Lorsque le foie est froid et tassé, retirez le poids et la planche, fermez la terrine et attendez au moins 48 heures avant de la servir.

Les petits conseils de Maïté

Pour découper sans difficulté de belles tranches de foie gras, plongez la lame du couteau dans de l'eau bouillante.

Foie gras au torchon

PRÉPARATION : 1 H
CUISSON : 20 MIN
MARINAGE : 12 H

DIFFICULTÉ :
COÛT :

POUR 8 À 10 PERSONNES
1 foie gras cru de canard ou d'oie
Sucre en poudre
5 cl de pommeau ou autre alcool
1 l de bouillon de viande
Sel, poivre blanc

Préparez le foie gras. À l'aide d'un couteau pointu, dénervez soigneusement le foie.

Dans une petite assiette creuse, mélangez 14 g de sel, 2 g de poivre blanc, 2 g de sucre en poudre et parsemez ce mélange sur toutes les faces du foie gras. Disposez alors le foie dans un plat et arrosez-le avec le pommeau. Recouvrez d'un film et laissez mariner 12 heures.

Au bout de ce temps, sortez le foie de la marinade et disposez-le sur un film alimentaire. Enroulez-le dans le film en le serrant fermement pour que le foie prenne la forme d'un rouleau. Resserrez les extrémités et ficelez-les. Prenez un torchon fin et enroulez de nouveau le foie. Nouez une nouvelle fois les deux extrémités et, avec une ficelle, ficelez le rouleau afin qu'il ne se déforme pas.

Dans une casserole, chauffez le bouillon de viande. Dès qu'il commence à frémir, coupez le feu et plongez-y le foie gras enveloppé. Laissez-le 15 à 20 minutes : plus le diamètre du rouleau est gros, plus la cuisson doit être longue. Retirez alors le foie du bouillon. Déposez-le dans un plat. Quand le bouillon a bien refroidi, replongez le foie dans la casserole et mettez le tout au réfrigérateur durant 48 heures.

Sortez le foie, défaites-le de ses emballages, puis de son film. Découpez-le en tranches avec une fine lame de couteau passée sous l'eau chaude.

Les petits conseils de Maïté

Présentez sur un plat avec de la gelée hachée et du pain de campagne ou du pain de mie brioché.

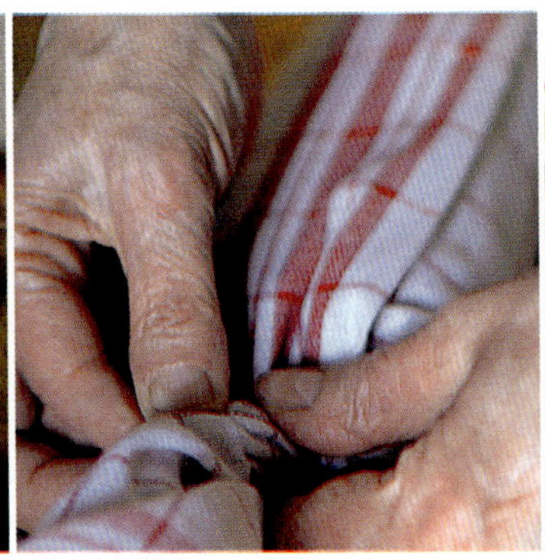

Terrine de lapin aux pruneaux

Préparation : 1 h
Cuisson : 1 h 15
Marinage : 3 h

Difficulté : 3/3
Coût : 2/3

Pour 8 personnes

- 1 lapin de 1,5 kg avec ses abats
- 300 g d'échine de porc
- 150 g de jambon
- 200 g de lard gras
- 200 g de barde de lard
- 1 œuf
- 200 g de pruneaux dénoyautés
- 2 échalotes
- Thym, laurier
- Noix de muscade
- 1 petit bouquet de persil
- 2 cuillerées à café de sucre
- 10 cl de cognac
- Sel, poivre

Désossez entièrement le lapin à l'aide d'un couteau pointu bien aiguisé. Découpez les cuisses et le râble en filets minces et le jambon en dés. Coupez les pruneaux en 2 ou 3 morceaux. Faites mariner les viandes et les pruneaux dans le cognac avec le thym, le laurier et le sucre, pendant 3 heures, en remuant de temps en temps.

Pendant ce temps, faites blanchir les bardes et le lard gras 2 minutes à l'eau bouillante et réservez-les.

Coupez l'échine en morceaux. Hachez finement le reste de viande de lapin, l'échine, le lard gras blanchi, le foie, les rognons, les échalotes, le persil, et malaxez le tout. Ajoutez l'œuf, la noix de muscade et 2 cuillerées à soupe de marinade, assaisonnez généreusement et mélangez bien.

Tapissez le fond et le tour de la terrine avec toutes les bardes de lard, sauf une. Garnissez la terrine en alternant 1 couche de farce, 1 couche de filets marinés, 1 couche de dés de jambon et de pruneaux, puis 1 autre couche de farce. Tassez bien, recouvrez de la dernière barde et d'une feuille de laurier, puis fermez la terrine.

Mettez 2 cm d'eau chaude dans la lèchefrite du four et faites cuire au bain-marie pendant 1 h 15 à 210 °C (th. 7).

Vérifiez la cuisson avec une aiguille : si elle ressort chaude sur toute la longueur, le pâté est prêt. Laissez refroidir à température ambiante, puis conservez au frais.

Les petits conseils de Maïté

Réservez cette terrine au réfrigérateur et patientez 48 heures avant de la déguster.

Tartes salées et feuilletés

Croustillant de fromage de chèvre

Préparation :	15 min	Difficulté :	
Cuisson :	20 min	Coût :	

Pour 4 personnes
500 g de pommes de terre
2 fromages de chèvre frais
20 cl d'huile de tournesol
Sel, poivre

Faites préchauffer le four, à 200 °C (th. 7).

Épluchez les pommes de terre, lavez-les, essuyez-les.

Râpez-les finement dans une assiette, salez, poivrez, mélangez bien.

Faites-en 8 galettes de 6 cm de diamètre, faites-les frire dans l'huile de tournesol chaude. lorsqu'elles sont dorées de chaque côté, retirez-les de la poêle et égouttez-les sur du papier absorbant.

Coupez en deux les fromages de chèvre, disposez chaque moitié sur une galette de pomme de terre, recouvrez d'une autre galette, déposez le tout sur une plaque et mettez au four, à 230 °C (th. 8), pendant 10 à 15 minutes.

Les petits conseils de Maïté

Une entrée qui peut faire office de plat du soir, servi avec une salade verte..
Vous pouvez remplacer les galettes de pomme de terre par des ronds de pâte feuilletée du même diamètre. Saupoudrez le chèvre d'une herbe de votre choix et badigeonnez le rond de pâte placé sur le dessus de jaune d'œuf.

Tarte au roquefort

PRÉPARATION : 30 MIN
CUISSON : 30 MIN
REPOS : 10 MIN

DIFFICULTÉ :
COÛT :

POUR 4 PERSONNES
200 g de pâte feuilletée
100 g de roquefort
1 noix de beurre
15 cl de crème fraîche
Quelques noix
2 œufs
Noix muscade
Poivre

Préchauffez le four, thermostat 6. Garnissez un moule à tarte préalablement beurré de la pâte feuilletée. Piquez le fond à l'aide d'une fourchette.

Cassez les noix et prélevez les cerneaux.

Émiettez le roquefort à la fourchette. Battez les œufs entiers et la crème fraîche dans un bol. Incorporez le fromage. Mélangez soigneusement. Poivrez. Muscadez.

Versez la préparation dans le moule. Laissez reposer 10 minutes puis enfournez et laissez cuire 30 minutes.

Les petits conseils de Maïté

Servez avec une salade verte parsemée de cerneaux de noix.

Pissaladière

Préparation : 6 min
Cuisson : 30 min
Repos : 1 h

Difficulté :
Coût :

Pour 6 personnes
250 g de farine
1/2 verre d'huile d'olive
20 g de levure de boulanger
6 gros oignons doux
3 gousses d'ail
2 clous de girofle
6 filets d'anchois
12 olives noires
Sel, poivre

Confectionnez tout d'abord une pâte à pizza avec la farine, l'huile, 1 verre d'eau tiède, la levure de boulanger et 1 pincée de sel. Pétrissez bien tous les ingrédients.

Laissez reposer cette pâte pendant 1 heure dans un saladier pour la faire lever.

Pendant ce temps, faites fondre doucement les oignons doux émincés dans un peu d'huile d'olive, assaisonnez de sel et de poivre, ajoutez les gousses d'ail écrasées et les clous de girofle.

Étendez la pâte sur un moule à tarte huilé, répartissez la garniture d'oignons, et décorez avec les filets d'anchois et les olives noires.

Arrosez d'un filet d'huile d'olive et mettez au four 30 minutes environ à 200 °C (th. 6/7).

Les petits conseils de Maïté

Pour gagner du temps, vous pouvez utiliser une pâte à pizza toute prête.

Tarte à l'oignon

Préparation : 15 min
Cuisson : 35 min
Difficulté :
Coût :

Pour 5 personnes
1 pâte brisée
500 g d'oignons
3 jaunes d'œufs
15 cl de crème fraîche
60 g de farine
3 cuillerées à soupe de lait
25 g de beurre
Sel, poivre

Préchauffez le four à 180° C (th. 6).

Beurrez copieusement un moule à tarte et garnissez-en le fond avec la pâte.

Mélangez dans un grand bol 50 g de farine et les 3 jaunes d'œufs ainsi que la crème fraîche, le lait tiédi, du sel et du poivre.

Émincez les oignons et laissez-les dorer dans une poêle à feu doux.

Hors du feu, ajoutez la préparation à base d'œufs et de crème dans la poêle.

Versez cette garniture sur votre fond de tarte et laissez cuire 35 minutes.

Servez la tarte chaude, accompagnée d'une salade.

Les petits conseils de Maïté

Vous pouvez ajouter des roudelles découpées dans une bûche de chèvre frais sur la tarte avant de la mettre au four.

Tarte à la tomate

PRÉPARATION : 15 MIN
CUISSON : 30 MIN
DIFFICULTÉ :
COÛT :

POUR 4 PERSONNES

1 pâte feuilletée
500 g de tomates
Gruyère râpé ou mozzarella
1 cuillerée à soupe de moutarde
Huile d'olive
Sel, poivre

Préchauffez le four à 200 °C (th. 7).

Lavez les tomates et coupez-les en fines rondelles. Mettez-les dans une passoire et saupoudrez-les de sel. Laissez bien égoutter.

Foncez un moule à tarte avec la pâte et étalez la moutarde sur le fond. Disposez ensuite les rondelles de tomates. Salez et poivrez.

Ajoutez sur le dessus de la tarte un peu de gruyère râpé ou des lamelles de mozarella, puis un filet d'huile d'olive.

Enfournez 30 minutes.

Servez tiède.

Les petits conseils de Maïté

Avant de servir, vous pouvez ajouter quelques feuilles de basilic.

Si vous disposez de grosses tomates, videz-les avant de les couper en rondelles, afin qu'elles ne rendent pas trop d'eau.

Flammeküche

PRÉPARATION : 10 MIN
CUISSON : 20 MIN
REPOS : 1 H

DIFFICULTÉ : 2/3
COÛT : 1/3

POUR 5 PERSONNES

500 g de farine
5 oignons
250 g de lardons fumés
30 cl de crème fraîche
2 œufs
2 cuillerées à soupe d'huile
Sel, poivre

Faites votre pâte 1 heure avant en mélangeant dans une terrine la farine, 1 cuillerée à café de sel et 1 grand verre d'eau tiède. Pétrissez bien puis farinez la pâte et laissez-la reposer sous un linge propre.

Dans une casserole, mettez 1 cuillerée à soupe d'huile et faites cuire à feu doux les oignons émincés. Dans un récipient à part, mélangez la crème avec les œufs et le reste d'huile.

Faites chauffer le four à 200 °C (th. 7) et, sur une plaque farinée, abaissez la pâte en deux parts égales. Répartissez la crème sur les deux abaisses de pâte et ajoutez-y les oignons et les lardons.

Enfournez et laissez cuire de 15 à 20 minutes. Servez brûlant.

Les petits conseils de Maïté

Une tarte toute légère que vous pouvez également servir en petits morceaux à l'apéritif.

Soupes

Velouté de pois cassés

Préparation : 5 min
Cuisson : 1 h 30
Difficulté :
Coût :

Pour 4 personnes
500 g de pois cassés
2 oignons
200 g de poitrine fumée (lardons)
1 bouquet garni
2 cuillerées à soupe de crème fraîche (facultatif)
Croûtons de pain grillés
Sel, poivre

Mettez les pois cassés et les oignons pelés et émincés dans une marmite.
Recouvrez largement d'eau. Salez, poivrez, ajoutez le bouquet garni.

Faites cuire 1 h 15 environ (ou 20 minutes à l'autocuiseur), en écumant régulièrement.

Lorsque les pois cassés sont cuits, mixez la soupe et réservez-la.

Coupez la poitrine fumée en dés et faites-la dorer dans une poêle.
Puis ajoutez les dés de poitrine dans le velouté.

Laissez mijoter une quinzaine de minutes avant de lier, éventuellement, avec la crème fraîche.

Servez bien chaud avec les croûtons.

Les petits conseils de Maïté

Conservez quelques dés de poitrine fumée pour en décorer les assiettes une fois la soupe servie.

Soupe de courgettes

PRÉPARATION : 10 MIN
CUISSON : 15 MIN
DIFFICULTÉ :
COÛT :

POUR 6 PERSONNES
1,5 kg de courgettes bien fermes
3 cuillerées à soupe de crème fraîche
ou 2 portions de Vache-qui-rit
1 petit bouquet de persil
1 petit bouquet de ciboulette
Sel, poivre

Après avoir lavé les courgettes, pelez-les partiellement (une bande sur deux).
Coupez-les en rondelles épaisses. Mettez-les dans un autocuiseur avec environ 1 demi-litre d'eau. Salez. Fermez l'autocuiseur et laissez cuire 7 minutes à partir du sifflement.
Si vous n'avez pas d'autocuiseur, vous pouvez faire cuire vos courgettes dans l'eau bouillante salée pendant 15 minutes. Retirez du feu. Mixez.

Pour consommer cette soupe froide, versez-la dans une soupière. Ajoutez la crème fraîche et battez. Poivrez et rectifiez l'assaisonnement si nécessaire. Mettez-la au réfrigérateur quelques heures.

Pour une soupe chaude, ajoutez 2 portions de Vache-qui-rit avant de la mixer.

Au moment de servir, coupez les herbes finement et mettez-les dans une coupelle. À table, chacun assaisonnera à son goût.

Les petits conseils de Maïté

Si votre soupe n'est pas assez froide, ajoutez des glaçons une demi-heure avant de la servir.

Soupe de potiron

PRÉPARATION : 15 MIN
CUISSON : 20 MIN
DIFFICULTÉ :
COÛT :

POUR 4 PERSONNES
1 belle tranche de potiron
ou un potiron entier
4 pommes de terre
1 œuf
75 g de crème fraîche
5 brins de persil
Sel, poivre

Avec un bon couteau, ôtez la peau du potiron (ou évidez-le s'il est entier) et coupez-le en dés. Épluchez et lavez les pommes de terre. Coupez-les en morceaux.

Mettez le potiron et les pommes de terre dans un grand faitout avec 50 cl d'eau salée. Laissez cuire 20 minutes. Vous pouvez les faire cuire également à l'autocuiseur 10 minutes, avec 25 cl d'eau.

Mixez ou passez au moulin à légumes. Rectifiez l'assaisonnement. Ajoutez l'œuf et battez énergiquement. Versez la crème au moment de servir et parsemez de persil haché. Vous pouvez présenter la soupe dans le potiron évidé.

Les petits conseils de Maïté

Un peu plus rare sur les marchés, le potimarron est excellent pour réaliser cette recette.

Poissons

GV 407046
NOMINOE

9

EN AVANT
GUILVINEC
LISARAIS
LE GUILVINEC

Merlu au beurre persillé

Préparation : 5 min
Cuisson : 50 min
Difficulté :
Coût :

Pour 4 personnes
4 petits merlus frais
4 grosses pommes de terre
250 g de beurre demi-sel
1 botte de persil
Sel, poivre

Mixez le beurre et le persil.

Faites cuire les pommes de terre à l'eau.

Préchauffez votre four à 210° C (th. 7).

Lorsque les pommes de terre sont cuites, épluchez-les et écrasez-les à la fourchette.

Incorporez la moitié du beurre persillé, continuez de mélangez à la fourchette.

Salez et poivrez les merlus, et étalez dessus le reste du beurre persillé.

Passez au four 10 minutes à thermostat 7.

Les petits conseils de Maïté

Vous pouvez remplacer le merlu par du cabillaud (dos, filet) que vous ferez cuire 15-20 minutes au four.

Cabillaud en papillotes

Préparation : 10 min
Cuisson : 20 min
Marinade : 1 h
Difficulté :
Coût :

Pour 6 personnes
6 darnes de cabillaud
2 poivrons verts
1 poivron rouge
2 tomates
2 citrons
3 branches de thym frais
3 cuillerées à soupe d'huile d'olive
Sel, poivre

Lavez et essuyez les poivrons. Mettez-les sous le gril quelques minutes afin de les attendrir. Passez-les sous l'eau froide. Épluchez-les et coupez-les en lanières.

Préparez le cabillaud en prenant le temps d'ôter le maximum d'arêtes avec une pince à épiler. Puis, dans une terrine, mettez les darnes de cabillaud avec l'huile d'olive et le jus des 2 citrons. Assaisonnez. Faites mariner 1 heure.

Préparez 6 papillotes dans de l'aluminium ménager. Graissez-les avec de l'huile d'olive. Répartissez sur chacune d'elles la moitié des poivrons, 1 rondelle de tomate, du thym frais. Posez dessus les darnes de cabillaud. Décorez avec les lanières de poivron qui restent. Fermez les papillotes et mettez-les 20 minutes à four moyen (200 °C, th. 6).

Les petits conseils de Maïté

La cuisson en papillotte pratique et diététique, convient à de nombreux poissons.

Bar en croûte de sel

PRÉPARATION : 10 MIN
CUISSON : 40 MIN
DIFFICULTÉ : 1
COÛT : 2

POUR 4 PERSONNES
1 bar de 1,5 kg, vidé mais non écaillé et sans les ouïes
1,5 kg de gros sel de mer
4 branchettes de thym
Poivre blanc

Sur une feuille d'aluminium ménager que vous aurez étalée sur la plaque du four, disposez un lit de sel, posez le bar dessus en répartissant le thym et du poivre des deux côtés.

Recouvrez complètement le bar de sel et faites-le cuire 40 minutes au four, à 230 °C (th. 9).

Présentez le bar dans sa croûte, que vous casserez avant de gratter la peau du poisson pour le déguster.

Les petits conseils de Maïté

Pour parfumer le poisson, vous pouvez le farcir avec 4 branches de céleri.

Loup au fenouil

Préparation : 15 min
Cuisson : 20 min

Difficulté :
Coût :

Pour 4 personnes
4 loups de 250 g
4 bulbes de fenouil
4 cuillerées à soupe d'huile d'olive
2 citrons
2 cuillerées à soupe de pastis
2 brins de persil
Sel, poivre

Préchauffez le four à 210 °C (th. 7).

Lavez le fenouil et découpez-le en lanières. Nettoyez et videz les poissons.
Garnissez l'intérieur avec le fenouil. Passez les poissons à l'huile d'olive. Salez et poivrez.

Disposez une grande feuille d'aluminium ménager sur la grille du four. Posez-y les poissons.
Faites-les cuire 10 minutes de chaque côté. Arrosez avec le jus du premier citron.
Quand la peau des loups se détache, sortez-les du four. Décorez le plat de l'autre citron coupé en quatre et de persil haché.

Au moment de servir, arrosez de pastis et flambez.

Les petits conseils de Maïté

Vous pouvez servir ce poisson accompagné d'une sauce au beurre-citron.

Dorade au four

PRÉPARATION : 25 MIN
CUISSON : 45 MIN
DIFFICULTÉ :
COÛT :

POUR 4 PERSONNES

1 belle dorade de 1 kg environ
2 gros oignons
50 g de beurre
750 g de tomates
20 cl de vin blanc
Persil
Sel, poivre

Épluchez les oignons et coupez-les finement. Faites-les revenir dans le beurre, puis versez-les dans un plat allant au four. Placez dessus le poisson nettoyé et lavé.

Recouvrez avec les tomates pelées et coupées en morceaux. Arrosez avec le vin blanc, salez, poivrez et mettez à four chaud (thermostat 7) pendant 45 minutes.

Au moment de servir, saupoudrez de persil haché.

Les petits conseils de Maïté

La dorade sera meilleure si vous la faites mariner 1/2 heure dans du jus de citron, avec du sel, du poivre, du paprika et des feuilles de laurier.

Brochettes de lotte au lard

Préparation : 10 min
Cuisson : 10 min
Marinade : 1 h

Difficulté : ♪
Coût : ♣♣

Pour 6 personnes
1 kg de lotte
150 g de lard fumé
1 citron
6 cuillerées à soupe d'huile d'olive
Quelques grains de coriandre
Quelques grains de fenouil
Sel, poivre

Allumez un barbecue ou utilisez le gril du four.

Coupez le poisson en morceaux adaptés à la taille des brochettes. Mettez-les dans un plat avec l'huile d'olive, le jus du citron, des grains de coriandre et de fenouil. Salez et poivrez. Laissez mariner 1 heure en remuant de temps en temps.

Coupez le lard fumé en dés pour les brochettes.

Constituez les brochettes en alternant un morceau de lotte et un morceau de lard.

Faites cuire au barbecue ou au four 10 minutes sous le gril.

Les petits conseils de Maïté

Servez ces brochettes avec du riz créole.

Ailes de raie au beurre blanc nantais

PRÉPARATION : 40 MIN
CUISSON : 15 MIN
DIFFICULTÉ :
COÛT :

POUR 5 PERSONNES

5 ailes de raie de 150 g environ chacune
1 oignon
1 carotte
1 bouquet garni

Pour le beurre blanc
3 échalotes
3 cuillerées à soupe de vinaigre de cidre
400 g de beurre salé
1/2 citron
Sel, poivre

Préparez le court-bouillon dans une grande casserole, avec l'oignon épluché et coupé, la carotte lavée et épluchée et le bouquet garni. Salez et poivrez.

Rincez les ailes de raie. Mettez-les dans la casserole et portez à ébullition. Laissez cuire 5 minutes après la reprise de l'ébullition.

Égouttez-les et posez-les sur un plat que vous maintiendrez au chaud. Réservez le bouillon de cuisson.

Préparez le beurre blanc nantais. Épluchez et hachez finement les échalotes, faites-les fondre dans une casserole avec le vinaigre de cidre et 2 cuillerées à soupe de bouillon de cuisson des raies. Poivrez et faites réduire.

Ajoutez par petits morceaux le beurre salé en battant régulièrement à la fourchette.

Quand la sauce est bien mousseuse et homogène, ajoutez un filet de citron et versez-la sur le poisson tenu au chaud.

Les petits conseils de Maïté

Parsemez ce plat de persil haché ou de ciboulette, et servez-le avec des pommes de terre vapeur ou un riz créole.

Rôti de thon frais à la provençale

PRÉPARATION : 15 MIN
CUISSON : 45 MIN
DIFFICULTÉ :
COÛT :

POUR 4 PERSONNES
1 belle tranche de thon frais d'environ 1 kg
12 cl de vin blanc sec
4 cuillerées à soupe d'huile d'olive
2 belles tomates
250 g de champignons de Paris
8 petits oignons frais
Quelques olives noires
Un peu de beurre
Thym, estragon
Sel, poivre

Épluchez les oignons. Lavez les champignons sous l'eau, coupez-les en quatre, laissez-les égoutter. Dénoyautez les olives. Pelez, épépinez et coupez les tomates.

Dans une cocotte en fonte, faites chauffer l'huile d'olive avec une noix de beurre. Déposez-y la tranche de thon. Salez et poivrez. Après avoir fait dorer les deux faces, baissez le feu et laissez cuire environ 15 minutes, à découvert.

Déglacez avec le vin blanc. Ajoutez les morceaux de tomate, un peu de thym, quelques feuilles d'estragon, les champignons, les olives noires et les petits oignons.

Couvrez, baissez le feu et laissez mijoter pendant 30 minutes.

Vérifiez la cuisson et rectifiez l'assaisonnement. Dressez la tranche de thon sur un plat bien chaud et nappez-la de la sauce de cuisson.

Les petits conseils de Maïté

Servez ce plat de poisson avec un plat de nouilles au beurre parsemées de gruyère ou, mieux, de parmesan.

Coquilles Saint-Jacques sautées

Préparation : 15 min
Cuisson : 15 min
Difficulté :
Coût :

Pour 4 personnes
24 noix de Saint-Jacques
20 g de beurre
10 brins de persil
3 gousses d'ail
Sel, poivre blanc

Nettoyez les noix de Saint-Jacques en enlevant les parties noires.

Faites-les dorer dans une poêle à feu moyen, avec le beurre et l'ail haché. Salez, poivrez.

Disposez-les, avec leur jus, dans un plat de service et saupoudrez-les de persil haché.

Les petits conseils de Maïté

Pour éviter les projections, percez le corail avec la pointe d'un couteau et ne mettez pas les noix de Saint-Jacques dans une poêle trop chaude.

Moules marinières

Préparation : 20 min
Cuisson : 10 min
Difficulté :
Coût :

Pour 4 personnes

4 l de moules
4 échalotes
100 g de beurre
1/2 l de vin blanc sec
1 bouquet de persil haché

Grattez et lavez les moules.

Épluchez et hachez les échalotes.

Faites chauffer le beurre dans un grand faitout, mettez les échalotes à fondre sans les faire colorer. Mouillez avec le vin blanc, amenez à ébullition et jetez les moules dans le faitout. Remuez bien afin qu'elles s'ouvrent toutes. Parsemez avec le persil haché et servez immédiatement.

Les petits conseils de Maïté

Pour une recette plus gourmande, vos pouvez rajouter 10 cl de crème liquide.

AUSA
Iberico

Viandes

Samedi 1er avril
18 h 30

Magrets de canard Rossini

PRÉPARATION : 30 MIN
CUISSON : 15 MIN
DIFFICULTÉ :
COÛT :

POUR 4 PERSONNES
2 magrets de canard crus
2 tranches de foie gras d'oie de 1 cm d'épaisseur
2 truffes (facultatif)
4 tranches de pain
100 g de beurre
1/2 verre de madère
Sel, poivre

Coupez les magrets de canard en deux et ciselez le côté peau.

Découpez des tranches de pain de la même dimension que les tournedos de magret, faites-les dorer à la poêle de chaque côté, gardez-les au chaud.

Découpez 4 petites escalopes de foie gras, légèrement plus petites que les tournedos.

Dans une poêle, faites cuire les tournedos, 1 minute de chaque côté, salez, poivrez et disposez-les sur les tranches chaudes de pain. Réservez au chaud.

Poêlez le foie gras. Découpez 12 rondelles de truffe, si vous en avez. Disposez 1 escalope de foie gras et 3 rondelles sur chaque tournedos.

Versez ensuite le madère dans une poêle préalablement beurrée et laissez épaissir la sauce quelque minutes en y ajoutant le reste des truffes hachées.

Placez les tournedos dans une assiette individuelle et servez-les avec la sauce chaude.

Les petits conseils de Maïté

Cette recette peut être réalisée sans les truffes, qui seront réservées aux repas de fête.

Canard aux olives

Préparation : 30 min
Cuisson : 1 h 10

Difficulté :
Coût :

Pour 4 personnes

1 canard de 1,5 kg
1 cuillerée à café de farine
40 g de beurre
1 oignon
1 verre de vin blanc
30 olives vertes dénoyautées
Thym
Laurier
1 cuillerée à soupe de persil haché
Sel, poivre

Flambez, videz et nettoyez le canard. Retirez pattes, ailerons, os « fourchettes », glandes du croupion. Salez et poivrez l'intérieur. Bridez le canard en rôti.

Faites blondir un morceau de beurre dans une cocotte. Mettez à dorer le canard. Réservez hors de la cocotte.

À la place, ajoutez dans la cocotte la farine et mélangez bien sur le feu. Mouillez d'un verre d'eau et du vin blanc. Ajoutez l'oignon émincé, thym et laurier, sel et poivre. Remettez le canard. Laissez mijoter 1 heure tout en remuant avec une cuillère en bois, pour lier la sauce.

Cinq minutes avant la fin, mettez dans cette sauce les olives dénoyautées et faites bouillir 3 minutes.

Servez le canard très chaud, nappé de la sauce et entouré d'olives. Parsemez de persil haché.

Les petits conseils de Maïté

Vous pouvez réaliser cette recette avec du poulet.

Confit d'oie à la landaise

PRÉPARATION : 30 MIN
CUISSON : 45 MIN
MACÉRATION : 24 H

DIFFICULTÉ :
COÛT :

POUR 6 PERSONNES
1 oie de 2,5 ou 3 kg
2 kg de graisse d'oie
500 g de gros sel
20 grains de poivre noir
8 gousses d'ail

Mettez pendant 24 heures l'oie coupée en morceaux et enrobée de gros sel dans un récipient.

Faites fondre la graisse d'oie dans un faitout et mettez-y à cuire lentement, avec les grains de poivre noir et l'ail, les morceaux d'oie, que vous aurez préalablement passés sous l'eau pour enlever l'excédent de sel.

Après une cuisson de 30 minutes, déposez les morceaux d'oie dans un pot en grès et recouvrez-les de graisse filtrée, après avoir retiré les grains de poivre et l'ail.

Couvrez et conservez au sec et au frais.

Les morceaux d'oie seront rissolés à la poêle au moment de la dégustation et accompagnés de petits pois et/ou de cèpes.

Les petits conseils de Maïté

Les confits de porc ou de canard se préparent de la même façon.

Coq au vin

PRÉPARATION : 25 MIN
CUISSON : 2 H 30

DIFFICULTÉ :
COÛT :

POUR 4 PERSONNES

1 gros coq coupé en morceaux
200 g de lardons
200 g de champignons
6 cuillerées à soupe d'huile
1 grosse botte d'oignons frais
5 cl de cognac
75 cl de vin rouge
1 bouquet garni
Farine
Sel, poivre blanc

Dans une cocotte, avec 3 cuillerées à soupe d'huile, faites revenir les lardons durant 10 minutes, ainsi que les petits oignons, dont vous aurez enlevé la première peau. Réservez.

Salez et poivrez les morceaux de coq, puis passez-les dans la farine avant de les faire dorer pendant 15 minutes dans la même cocotte.

En fin de cuisson, faites-les flamber au cognac, puis ajoutez le vin, le bouquet garni, du sel et du poivre.

Couvrez la cocotte et laissez cuire 2 heures à feu doux.

Dans une poêle, faites revenir les champignons, nettoyés et débarrassés de leur pied terreux, pendant 10 minutes avec le reste de l'huile, puis versez-les dans la cocotte avec les oignons et les lardons préalablement mis de côté.

Enlevez le bouquet garni et laissez sur le feu 30 minutes de plus.

Les petits conseils de Maïté

Ce plat gagne à être réchauffé.

Poulet à l'estragon

Préparation : 20 min — Difficulté : ♪
Cuisson : 1 h 10 — Coût : ♪

Pour 6 personnes
1 poulet fermier
4 branches d'estragon
1 cuillerée à soupe de moutarde
20 cl de crème fraîche
1 cuillerée à café de paprika
1/2 cuillerée à café de quatre-épices
Sel, poivre

Préparez le poulet. Mettez 1 branche d'estragon à l'intérieur et frottez-le avec le paprika. Salez et poivrez. Mettez le poulet à la broche ou au four, à 210 °C (th. 7), pendant 1 heure.

Une fois le poulet cuit, faites la sauce. Ébranchez le reste d'estragon et hachez-le. Mélangez dans une casserole la crème et la moutarde. Portez à la limite de l'ébullition, ajoutez l'estragon, du sel, du poivre, le quatre-épices et le jus dégraissé et déglacé du poulet. Mettez en saucière.

Servez le poulet bien chaud accompagné de la sauce.

Les petits conseils de Maïté

Servez avec du riz ou des pâtes fraîches et des tomates à la provençale.

Poulet aux quarante gousses d'ail

Préparation : 15 min
Cuisson : 1 h 30
Difficulté :
Coût :

Pour 6 personnes
1 poulet vidé
1 gros bouquet de thym
1 verre d'huile d'olive
40 gousses d'ail
1 bouquet de romarin, thym, sauge, laurier, persil, céleri
Pain grillé
Farine
Sel, poivre

Salez et poivrez l'intérieur du poulet, introduisez-y le bouquet de thym.

Mettez dans une grosse terrine l'huile d'olive, les 40 gousses d'ail non épluchées et le bouquet d'herbes aromatiques. Posez le poulet par-dessus et retournez-le pour bien l'enrober.

Fermez la terrine hermétiquement à l'aide d'un cordon de pâte fait de farine et d'eau. Mettez au four, à 200° C (th. 6/7), pendant 1 h 30.

Enlevez le cordon de pâte au dernier moment, et récupérez la purée d'ail dans une saucière.

Les petits conseils de Maïté

Servez avec du pain grillé, sur lequel chacun tartinera de la purée d'ail.

Pr
Cu

Po
1
H
Bo
H
20
1
So

De
Pa

Lo
et

Pl
sa

Lapin à la moutarde

Préparation : 10 min
Cuisson : 1 h

Difficulté :
Coût :

Pour 4 ou 5 personnes

1 lapin fermier de 1,5 kg coupé en morceaux
1 verre de moutarde
2 verres de crème fraîche épaisse
Herbes aromatiques (thym, romarin, estragon, etc.)
1 noix de beurre
Sel, poivre

Faites préchauffer votre four à 240 °C (th. 8).

Dans un bol, mélangez la moutarde avec la crème fraîche et les herbes aromatiques de votre choix. Salez, poivrez et badigeonnez les morceaux de lapin de votre préparation.

Beurrez un plat allant au four, déposez-y le lapin bien enrobé de crème à la moutarde et faites-le rôtir 1 heure environ, en baissant le thermostat à 6/7 (200°C).

Ajoutez si nécessaire 1 demi-verre d'eau. À mi-cuisson, retournez les morceaux de lapin afin qu'ils soient dorés des deux côtés.

Les petits conseils de Maïté

Vous pouvez faire cuire les morceaux de lapin en papillotes individuelles, ils seront plus moelleux.

Rôti de veau Orloff

PRÉPARATION : 10 MIN
CUISSON : 1 H 15
DIFFICULTÉ :
COÛT :

POUR 6 PERSONNES
1,2 kg de rôti de veau
10 à 12 tranches de bacon
10 à 12 tranches fines d'emmental
Huile (ou beurre)
Sel, poivre

Préchauffez le four à 230 °C (th. 8).

Déposez le rôti de veau dans un plat allant au four. Arrosez-le d'un filet d'huile (ou mettez quelques petits morceaux de beurre).

Mettez à four chaud pendant 20 minutes, puis retournez le rôti et baissez à 200 °C (th. 7). Laissez cuire encore 40 minutes. Vous pouvez arroser la viande avec 1 verre d'eau en cours de cuisson, pour qu'elle ne se dessèche pas.

Sortez ensuite le rôti du four et découpez-le en tranches plutôt fines (10-12 tranches selon la longueur du rôti). Intercalez ensuite le bacon et le fromage entre chaque tranche de rôti.

Enfournez de nouveau pendant 15 minutes.

Les petits conseils de Maïté

Cette recette peut également être réalisée avec un rôti de porc.

Osso bucco

PRÉPARATION : 15 MIN
CUISSON : 1 H 15
DIFFICULTÉ :
COÛT :

POUR 6 PERSONNES

1,2 kg de jarret de veau coupé en tranches
1 tomate
1 petite boîte de tomates concassées
1 petite boîte de concentré de tomate
250 g de champignons de Paris frais
2 oignons
1 gousse d'ail
1 verre de vin blanc sec
Huile d'olive
1 morceau de sucre
Sel, poivre

Pelez les oignons et l'ail. Coupez les oignons en lamelles.

Passez les champignons sous l'eau et coupez-les en lamelles. Faites-les cuire 10 minutes à la poêle avec un peu d'huile, puis réservez-les.

Dans une cocotte, versez 2 cuillerées à soupe d'huile et faites dorer les morceaux de veau. Retirez-les ensuite de la cocotte.

Rajoutez de l'huile si nécessaire et mettez les oignons et l'ail à blondir. Ajoutez la tomate et les tomates concassées et laissez réduire 5 minutes.

Remettez alors la viande, puis du sel, du poivre, le sucre le vin blanc, le concentré de tomates et enfin les champignons. Laissez mijoter 1 bonne heure à feux doux.

Si la sauce vous paraît trop liquide, pensez à ajouter 1 ou 2 cuillerées à café de Maïzena en cours de cuisson.

Les petits conseils de Maïté

L'osso bucco est encore meilleur réchauffé. N'hésitez pas à le préparer à l'avance.

Blanquette de veau

Préparation : 10 min
Cuisson : 2 h

Difficulté : 2 sur 3
Coût : 1 sur 3

Pour 5 personnes

1,2 kg de veau en morceaux
(flanchet, tendron, poitrine)
2 oignons
3 carottes
100 g de champignons de Paris
1 bouquet garni
100 g de crème fraîche
2 cuillerées à soupe rases de farine
30 g de beurre
1 jaune d'œuf
1 citron
1 clou de girofle (facultatif)
Sel, poivre

Mettez les morceaux de viande dans une grande cocotte ou un faitout, recouvrez-les d'eau froide et amenez à ébullition. Écumez.

Ajoutez les carottes épluchées, lavées et coupées en rondelles, les oignons épluchés et coupés en quartiers, le bouquet garni. Vous pouvez piquer le clou de girofle dans l'un des quartiers d'oignon. Salez, poivrez et laissez cuire à petits bouillons pendant 1 h 30 à 2 heures, surtout si vous avez mis de la poitrine.

Lavez et supprimez le pied terreux des champignons de Paris, citronnez-les afin qu'ils ne noircissent pas et coupez-les en morceaux plus ou moins gros selon votre goût. Vingt minutes avant la fin de la cuisson de la viande, ajoutez les champignons dans la cocotte.

Préparez la sauce de la blanquette. Mélangez sur feu doux les 30 g de beurre avec la farine, puis ajoutez 2 ou 3 louches du bouillon de la viande. Laissez mijoter une dizaine de minutes.

Dans un grand bol, délayez au fouet le jaune d'œuf avec la crème fraîche.
Sans cesser de fouetter, versez sur ce mélange la sauce que vous venez de préparer.
Ajoutez le tout dans la cocotte, mélangez avec une cuillère en bois pendant quelques minutes avant d'arrêter la cuisson.

Servez la blanquette avec des pommes de terre vapeur ou du riz nature.

Les petits conseils de Maïté

Vous pouvez aussi ajouter le jus d'un demi-citron pour relever votre blanquette.

Rôti de bœuf

Préparation : 5 min
Cuisson : 25-30 min

Difficulté : 2/3
Coût : 2/3

Pour 6 personnes
1,2 kg de rosbif
1 oignon
4 échalotes
Huile de tournesol (ou beurre)
Sel, poivre

Préchauffez le four à 230 °C (th. 8).

Pelez l'oignon et les échalotes. Coupez l'oignon en 4.

Mettez le rôti dans un plat allant au four, arrosez-le d'un filet d'huile et poivrez. Disposez autour l'oignon et les échalotes. Salez et poivrez.

Enfournez le plat. Au bout de 10 minutes de cuisson, retournez le rôti et remettez dans le four en baissant la température à 200 °C (th. 7). Laissez cuire 15 à 20 minutes selon la cuisson désirée et salez le rôti à la fin.

Les petits conseils de Maïté

Lorsque le rôti est cuit, éteignez votre four, ouvrez la porte et attendez 5 minutes avant de le sortir et de le découper.

Bœuf bourguignon

PRÉPARATION : 20 MIN
CUISSON : 2 H
DIFFICULTÉ : ★
COÛT : ★

POUR 5 PERSONNES
1 kg de gîte
250 g de poitrine de porc demi-sel
20 petits oignons
2 gousses d'ail
1 bouquet garni
1 cuillerée à soupe de saindoux
1 bouteille de vin rouge
2 cuillerées à soupe de farine
Muscade
Sel, poivre

Coupez la poitrine demi-sel en lardons et faites-les revenir sans ajouter de matière grasse dans une cocotte à fond épais. Épluchez les oignons, ajoutez-les aux lardons et laissez dorer le tout. Retirez lardons et oignons de la cocotte et réservez-les.

À leur place, faites fondre le saindoux et mettez à revenir la viande coupée en gros cubes. Saupoudrez avec 2 cuillerées à soupe de farine et laissez roussir tout en remuant.

Arrosez avec le vin rouge ; si besoin est, ajoutez de l'eau de manière à ce que tous les morceaux de viande soient recouverts. Mettez le bouquet garni, salez, poivrez, râpez un peu de muscade. Amenez à ébullition, puis baissez le feu. Remettez les lardons et faites mijoter à couvert pendant 2 heures. Rajoutez les petits oignons 20 minutes avant la fin de la cuisson et rectifiez l'assaisonnement si nécessaire.

Les petits conseils de Maïté

Évitez le vin de mauvaise qualité, même pour la cuisine, mais ne sacrifiez pas pour autant un grand cru !

LA COCOTTE

Daube provençale

Préparation : 20 min
Cuisson : 5 h
Marinage : 6 à 12 h

Difficulté :
Coût :

Pour 7 ou 8 personnes

1 kg de viande de bœuf maigre mais pas sèche : gîte et/ou galinette
1 litre de vin rouge
Huile d'olive
Saindoux ou graisse d'oie
1 bouquet garni
2 oignons émincés
2 gousses d'ail
2 clous de girofle
Noix muscade
100 g de poitrine salée (lard maigre)
1 os à moelle (facultatif)
Sel, poivre du moulin

Coupez les viandes en morceaux moyens. Mettez-les à mariner la veille ou quelques heures avant la cuisson dans un grand plat creux, avec le vin rouge, le bouquet garni (persil, thym, laurier), 1 oignon émincé, l'ail écrasé, les clous de girofle, plusieurs tours de moulin à poivre, du sel, un peu de noix muscade.

Dans une cocotte, mettez un peu de saindoux (ou de graisse d'oie) et 2 cuillerées à soupe d'huile d'olive. Quand ce mélange est chaud, jetez la poitrine coupée en dés, le second oignon émincé, et donnez deux tours de moulin à poivre.

Ajoutez alors les morceaux de bœuf préalablement égouttés et éventuellement l'os à moelle, puis faites suer la viande, en tournant pendant une vingtaine de minutes.

Versez alors la marinade filtrée, que vous aurez tiédie, sur la viande. Laissez évaporer à ébullition un peu forte. Baissez le feu, couvrez la cocotte d'un plat creux plein d'eau et laissez cuire au moins 5 heures ou plus, selon votre goût, en plusieurs fois.

Les petits conseils de Maïté

Servez la daube provençale avec des macaronis ou des pommes vapeur.

Gigot d'agneau

Préparation : 5 min
Cuisson : 45 min
Difficulté :
Coût :

Pour 6 personnes
1 gigot de 1,5 kg environ
3 gousses d'ail
Huile de tournesol
Sel, poivre

Préchauffez le four à 230 °C (th. 8).

Épluchez les gousses d'ail et coupez-les en deux.

Avec la pointe d'un couteau, faites de petites entailles dans le gigot pour y piquer l'ail.

Badigeonnez le gigot avec de l'huile. Salez, poivrez et enfournez.

Au bout de 20 minutes, retournez le gigot et baissez le four à 200 °C (th. 6/7).
Laissez cuire ensuite 25 à 30 minutes.

Les petits conseils de Maïté

Pour varier les plaisirs, massez le gigot avec de l'harissa ou enrobez-le de miel de lavande et de thym avant de le faire cuire.

Épaule d'agneau dauphinoise

PRÉPARATION :	20 MIN	DIFFICULTÉ :	♩
CUISSON :	1 H 45	COÛT :	⁂⁂

POUR 6 PERSONNES

1 épaule d'agneau de 1,8 kg
1,5 kg de pommes de terre
300 g de crème fraîche
2 œufs
2 cuillerées à soupe d'huile
75 g de beurre
125 g de gruyère (facultatif)
3 gousses d'ail
1 branche de thym
Sel, poivre

Demandez à votre boucher de vous préparer l'épaule façon gigot.

Piquez la viande d'ail et frottez-la de sel, de poivre et de thym en exerçant une forte pression des doigts afin de bien l'imprégner. Mouillez-la avec l'huile. Dans un grand plat en terre cuite, placez l'épaule et faites-la cuire à four chaud (240 °C, th. 8) pendant 15 minutes.

Pendant ce temps, épluchez et lavez les pommes de terre. Coupez-les en rondelles.

Retirez le plat du four et disposez les rondelles de pommes de terre tout autour de l'épaule en salant et poivrant entre chaque couche.

Dans un bol, battez ensemble la crème fraîche, les œufs et le beurre ramolli. Versez cette sauce sur l'ensemble du plat. Laissez encore cuire à four moyen (200 °C, th. 6/7) pendant 1 h 30.

Les petits conseils de Maïté

Vous pouvez parsemer de gruyère râpé avant de servir.

Jambonneau à la fondue d'oignons

PRÉPARATION : 30 MIN
CUISSON : 2 H 30
DIFFICULTÉ :
COÛT :

POUR 5 PERSONNES
1 jambonneau fumé ou salé
1 bouquet garni
1 kg d'oignons épluchés et émincés
5 cuillerées d'huile
75 g de beurre
5 cuillerées de farine
25 cl de crème fraîche
Sel, poivre

Laissez tremper le jambonneau 15 minutes dans de l'eau fraîche, puis mettez-le à cuire avec le bouquet garni dans une marmite pleine d'eau froide ; laissez mijoter 2 heures.

Mélangez dans une casserole l'huile et le beurre à feu très doux et ajoutez-y les oignons émincés afin qu'ils fondent lentement. Lorsqu'ils sont transparents, couvrez-les de farine et remuez bien. Mouillez peu à peu avec de l'eau tiède. La fondue aux oignons va épaissir, continuez alors à ajouter des cuillerées d'eau jusqu'à ce qu'elle ait la consistance d'une béchamel épaisse. Salez et poivrez.

Hors du feu, mixez le mélange puis rallumez sous la casserole et ajoutez la crème petit à petit, sans laisser bouillir : votre fondue aux oignons est prête.

Servez le jambonneau, désossé et tranché, nappé d'une partie de la fondue aux oignons, et présentez le reste de la fondue en saucière.

Les petits conseils de Maïté

Lors de la cuisson des oignons, vous pouvez remplacer l'eau par du vin blanc.

Plats uniques

Bœuf carottes

Préparation : 40 min
Cuisson : 2 h

Difficulté :
Coût :

Pour 6 personnes
1,6 kg de gîte
1,2 kg de carottes
2 gros oignons
2 gousses d'ail
1 verre d'huile
1 verre de vin rouge
4 cl de fond de veau
1 cuillerée à café de concentré de tomates
1 cuillerée à café de farine
Sel, poivre

Parez (éliminer les pièces inutiles : peau, gras…) et coupez la viande en gros dés, puis épluchez les carottes, les oignons et l'ail.

Émincez les oignons et coupez les carottes en rondelles, puis écrasez l'ail.

Dans une grande cocotte, faites revenir la viande avec un peu d'huile sur toutes les faces. Réservez-la et faites revenir l'oignon dans la même cocotte, puis ajoutez les rondelles de carottes.

Remettez la viande dans la cocotte, puis ajoutez la farine et le concentré de tomates. Mélangez bien le tout avant de mettre le vin et le fond de veau, puis ajoutez l'ail et assaisonnez.

Portez à ébullition et laissez mijoter 2 heures à couvert.

Les petits conseils de Maïté

Si la sauce est trop liquide, ajoutez une ou deux cuillerées à café de Maïzena diluée dans un peu d'eau, en cours de cuisson.

Navarin d'agneau

Préparation : 20 min
Cuisson : 1 h 30
Difficulté :
Coût :

Pour 6 personnes

1,5 kg d'agneau
(poitrine, collier ou épaule désossée)
500 g de carottes nouvelles
500 g de navets
1 kg de petits pois frais
4 oignons
500 g de pommes de terre nouvelles
1 bouquet garni
2 gousses d'ail
1 noix de beurre
1 verre de vin blanc sec
2 cuillerées à soupe de farine
Sel, poivre

Mettez la farine dans une assiette et roulez-y les morceaux de viande. Épluchez et émincez les oignons.

Faites fondre la noix de beurre dans une cocotte, jetez-y la viande et faites-la dorer de tous les côtés. Ajoutez les oignons.

Mouillez avec le vin blanc, complétez avec de l'eau à hauteur de la viande, ajoutez le bouquet garni, les gousses d'ail épluchées, salez, poivrez et couvrez. Laissez mijoter à feu doux pendant 40 minutes.

Préparez les légumes. Épluchez, lavez et coupez les carottes et navets en morceaux. Écossez et lavez les petits pois. Mettez-les dans la cocotte. Au bout d'une vingtaine de minutes, ajoutez les pommes de terre épluchées, lavées et coupées en quatre. Poursuivez encore la cuisson pendant 30 minutes.

Vérifiez l'assaisonnement et servez dans un plat chaud.

Les petits conseils de Maïté

Le navarin se réalise avec des légumes nouveaux de printemps. Variez les plaisirs en fonction de ce que vous trouverez sur le marché.

Tian d'agneau et de pommes de terre

Préparation : 20 min
Cuisson : 1 h 20
Difficulté :
Coût :

Pour 6 personnes
600 g d'agneau (côtes, poitrine, haut de côtes ou découvert)
1,2 kg de pommes de terre
250 g d'oignons
1 cuillerée à soupe d'huile d'olive
500 g de tomates
2 gousses d'ail
Thym, laurier
Sel, poivre

Épluchez, émincez, puis faites fondre les oignons dans l'huile. Ébouillantez les tomates, pelez-les, épépinez-les, coupez-les et ajoutez-les aux oignons, salez et poivrez. Laissez cuire ce coulis 20 minutes.

Épluchez et lavez les pommes de terre, coupez-les en rondelles, séchez-les.

Dans un plat à gratin en terre, mettez une couche de pommes de terre parsemée d'ail pressé et de thym, ajoutez le coulis de tomates, puis une deuxième couche de pommes de terre et l'agneau. Recouvrez d'eau. Ajoutez 2 feuilles de laurier.

Mettez au four, à 210 °C (th. 7), pendant 1 heure et faites griller quelques instants si nécessaire en fin de cuisson.

Les petits conseils de Maïté

Hors saison, remplacez le coulis de tomates fraîches par du coulis en conserve.

Vous pouvez aussi réaliser ce tian avec de l'échine de porc.

Chou farci

Préparation : 45 min
Cuisson : 1 h 30
Difficulté :
Coût :

Pour 5 personnes

1 gros chou vert
200 g de viande de porc
150 g de viande de bœuf
100 g de lard fumé
2 beaux oignons
1 petit pain rassis
1 œuf
1 tablette de bouillon de bœuf
1 verre de vin blanc
100 g de lardons
5 cuillerées de lait
30 g de beurre
1 crépine
Sel, poivre

Lavez le chou et faites-le blanchir quelques minutes dans de l'eau salée, puis rafraîchissez-le à l'eau froide. Égouttez-le, ôtez-en le cœur et écartez les feuilles.

Faites une farce en hachant les viandes et le lard fumé, les oignons blondis dans le beurre et le petit pain trempé dans du lait ; salez, poivrez. Mettez la moitié de cette farce au centre du chou et rabattez les feuilles en les séparant par une couche de farce. Reconstituez ainsi le chou.

Enveloppez le chou d'une crépine et ficelez-le. Mettez-le à revenir dans une cocotte allant au four avec les lardons. Mouillez-le avec 1 tasse de bouillon et le vin blanc.

Mettez la cocotte à four moyen (210 °C, th. 7) pendant 1 h 30 et servez très chaud.

Les petits conseils de Maïté

Ce plat plutôt hivernal peut aussi être réalisé avec les premiers choux verts du printemps.

Potée

Préparation : 35 min
Cuisson : 3 h
Repos : 12 à 24 h

Difficulté : 2/3
Coût : 1/3

Pour 8 personnes

200 g de haricots blancs
3 poireaux
8 carottes
1 chou vert
1 chou-fleur
1 petit céleri en branches
8 pommes de terre
500 g de haricots verts
3 gousses d'ail
3 oignons
1 palette de porc
200 g de lard fumé
150 g de lard frais
1 pied de porc
2 saucisses à cuire
3 graines de coriandre
1 clou de girofle
1 pincée de gingembre
5 cuillerées à soupe d'huile
Romarin, sariette, marjolaine
Sel, poivre

Faites tremper la veille les haricots dans de l'eau tiède parfumée avec quelques brins de romarin, de sarriette et de marjolaine.

Épluchez et lavez les légumes. Faites blanchir le chou, le chou-fleur, les haricots verts et le céleri coupés en morceaux.

Faites ensuite revenir dans un fond d'huile les oignons et les poireaux préalablement émincés. Ajoutez les légumes blanchis dans la cocotte ainsi que les pommes de terre et les carottes coupées en rondelles, l'ail écrasé et les haricots blancs. Recouvrez tous les légumes d'eau, salez, poivrez et ajoutez les épices.

Déposez ensuite les viandes sur ce lit de légumes et soudez le couvercle de votre marmite avec une pâte faite de farine et d'eau ; laissez le tout mijoter pendant 3 heures à feu doux.

Les petits conseils de Maïté

Pour que les légumes gardent leur couleur à la cuisson, ajoutez une demi-cuillerée à café de bicarbonate de soude dans l'eau de cuisson.

Petit salé aux lentilles

Préparation : 25 min
Cuisson : 2 h
Difficulté : ♩
Coût : ♣

Pour 6 personnes
1,5 kg de petit salé (échine, palette)
450 g de lentilles vertes
6 saucisses de Montbéliard
1 grosse carotte
1 oignon
1 gousse d'ail
1 clou de girofle
1 bouquet garni
Sel, poivre

Faites dessaler la viande dans de l'eau froide.

Faites bouillir de l'eau dans une grande casserole, plongez-y la viande 5 minutes et égouttez-la.

Amenez à nouveau de l'eau à ébullition, mettez-y les lentilles à cuire à petits bouillons une vingtaine de minutes, égouttez-les.

Dans une même marmite, mettez la viande, les saucisses préalablement piquées avec une fourchette pour qu'elles n'éclatent pas, et les lentilles. Recouvrez d'eau.

Ajoutez la carotte épluchée et coupée en morceaux, l'oignon piqué du clou de girofle, le bouquet garni et la gousse d'ail. Couvrez et laissez cuire à petits bouillons pendant 2 heures. Attendez la fin de la cuisson pour saler et poivrer, sinon les lentilles resteraient dures.

Les petits conseils de Maïté

Selon les recommandations de votre charcutier, faites plus ou moins dessaler la viande dans de l'eau froide.

Lasagnes à la bolognaise

PRÉPARATION : 25 MIN
CUISSON : 1 H 10

DIFFICULTÉ : ♪♪
COÛT : ♪

POUR 6 PERSONNES

300 g de lasagnes précuites
500 g de viande de bœuf haché
1 gros oignon
250 ml de purée de tomates
250 ml de bouillon de volaille
2 gousses d'ail
2 branchettes de thym frais
1 petit bouquet de persil haché
1 pincée de quatre-épices
1/2 l de béchamel (voir recette p. 187)
100 g de parmesan ou de gruyère râpé
1 cuillerée à soupe d'huile d'olive
Sel, poivre

Dans une sauteuse, faites revenir l'oignon émincé et les gousses d'ail hachées. Ajoutez la viande hachée et faites-la brunir doucement en remuant pour éviter les grumeaux.

Versez le bouillon et la purée de tomates dans la sauteuse. Assaisonnez avec les herbes (thym, persil haché), le quatre-épices, du sel et du poivre. Amenez à ébullition puis baissez le feu et laissez mijoter 30 minutes cette sauce bolognaise.

Pendant ce temps, préparez une béchamel (voir recette p. 187).

Préchauffez le four à 180 °C (th. 6).

Huilez un plat à gratin. Étalez dans le fond une fine couche de sauce bolognaise, puis recouvrez d'une couche de sauce béchamel. Déposez par-dessus une couche de lasagnes et recommencez l'opération en terminant par la béchamel. Parsemez de parmesan ou de gruyère râpé et enfournez 40 minutes jusqu'à ce que les lasagnes soient bien dorées et gratinées.

Les petits conseils de Maïté

Pour varier, remplacez la viande hachée par du thon en boîte au naturel, en ajoutant des câpres dans la sauce.

Cette recette vous permettra également de réaliser des lasagnes aux légumes, sans viande.

Galettes bretonnes

Préparation : 20 min
Cuisson : 2-3 min (par galette)
Repos : 4 h

Difficulté :
Coût :

Pour 12 galettes
500 g de farine de sarrasin
70 g de farine de froment
1 œuf
10 cl de lait
1 cuillerée à café de sel
3 cuillerées à soupe d'huile
100 g de beurre demi-sel (pour la cuisson)

Versez les farines dans une grande jatte, creusez une fontaine au centre et mettez-y l'œuf et le sel.

Travaillez la pâte avec une grande cuillère en bois en commençant par l'œuf et en incorporant petit à petit la farine. En même temps, versez lentement 30 cl d'eau froide toujours au centre. Lorsque la pâte atteint la consistance d'une mayonnaise épaisse, fouettez-la 10 minutes au fouet à main ou au batteur à vitesse réduite. Plus elle sera battue, plus elle sera légère et s'étendra facilement dans la poêle.

Ajoutez à nouveau de l'eau pour que la pâte devienne très lisse et coule de la louche comme une crème. Couvrez-la d'un torchon et laissez-la reposer 4 heures au moins dans un endroit frais.

Juste avant de l'utiliser, remuez-la à nouveau à la louche et ajoutez l'huile et le lait.

Pour la cuisson des galettes, graissez la poêle avec un tampon beurré. Mettez-la sur le feu et lorsqu'elle est très chaude versez une petite louche de pâte. Étalez-la en inclinant la poêle dans tous les sens. Laissez cuire la galette 2 minutes. Retournez-la. Beurrez-la avec une grosse noisette de beurre demi-sel. Laissez cuire encore quelques secondes, ajoutez la garniture de votre choix, puis pliez la galette et servez-la immédiatement.

Les petits conseils de Maïté

Jambon, fromage, œuf, champignons, saumon… Tout se marie avec les galettes !

Spaghettis carbonara

Préparation : 10 min
Cuisson : 15 min
Difficulté :
Coût :

Pour 4 personnes
250 g de spaghettis
250 g de poitrine fumée ou de bacon
4 jaunes d'œufs bien frais
100 g de parmesan râpé
10 cl de crème fraîche liquide
Sel, poivre

Découpez la poitrine fumée en dés ou en petits tronçons. Faites-les revenir dans une poêle antiadhésive pendant 3 minutes environ jusqu'à ce qu'ils soient bien dorés.

Mettez une grande quantité d'eau salée à bouillir et faites cuire les pâtes 8 à 10 minutes, jusqu'à ce qu'elles soient *al dente*.

Pendant la cuisson des pâtes, mélangez les jaunes d'œufs, le parmesan et la crème fraîche. Puis incorporez-y les lardons. Salez si nécessaire.

Égouttez les pâtes. Remettez-les dans la casserole de cuisson, et versez la sauce sur les pâtes chaudes.

Remettez le tout à chauffer sur feu très doux pendant 1 minute pour que la sauce épaississe légèrement.

Poivrez puis servez immédiatement.

Les petits conseils de Maïté

Pour ajouter un petit plus à la recette traditionnelle, agrémentez les spaghettis de quelques pointes d'asperges.

Accompagnements

Confiture d'oignons au miel et aux raisins

Préparation : 10 min
Cuisson : 30 min
Macération : 1 h

Difficulté :
Coût :

Pour 4 personnes
250 g de petits oignons frais
2 verres de bordeaux blanc sec
1 cuillerée à café d'huile d'olive
2 cuillerées à café de miel
1 cuillerée à soupe de raisins de Corinthe
6 grains de poivre blanc
2 clous de girofle
1 cuillerée à soupe de sucre en poudre
1 pincée de cannelle en poudre

Faites tremper les raisins dans le vin blanc une bonne heure.

Pendant de temps, épluchez les oignons et roulez-les dans le sucre.

Versez le tout dans une cocotte en y ajoutant l'huile, le miel, les grains de poivre, les 2 clous de girofle et une pincée de cannelle.

Couvrez et laissez cuire à feu doux 30 minutes.

Les petits conseils de Maïté

Cette confiture accompagnera vos viandes blanches. Consommée froide, elle se mariera parfaitement avec les terrines et le foie gras.

Gratin dauphinois

Préparation : 30 min
Cuisson : 1 h

Difficulté :
Coût :

Pour 6 personnes
1,5 kg de pommes de terre bintje
3 gousses d'ail
1 l de lait
1 pot de crème fraîche
Beurre
Sel, poivre
Gruyère rapé (facultatif)

Épluchez et séchez les pommes de terre. Coupez-les en rondelles fines. Hachez finement l'ail.

Beurrez un plat allant au four. Tapissez le fond d'une couche de pommes de terre, salez, poivrez, parsemez d'ail et nappez de quelques cuillerées à café de crème fraîche. Recommencez ainsi plusieurs fois jusqu'à épuisement des pommes de terre. Recouvrez de lait.

Mettez au four, à 180 °C (th. 6), pendant 1 heure. Surveillez régulièrement la cuisson afin que le gratin ne brûle pas et, si nécessaire, ajoutez du lait. Le plat doit être onctueux et bien gratiné.

Les petits conseils de Maïté

Vous pouvez ajouter du gruyère râpé en fin de cuisson.

Purée de pommes de terre

Préparation : 15 min
Cuisson : 45 min
Difficulté :
Coût :

Pour 6 personnes
1 kg de pommes de terre
25 g de beurre
10 cl de crème fraîche (ou huile d'olive)
1 jaune d'œuf
Sel, poivre

Épluchez les pommes de terre et mettez-les dans une casserole d'eau froide salée. Faites-les cuire 45 minutes environ, vérifiez la cuisson en piquant avec un couteau.

Égouttez les pommes de terre, puis écrasez-les au presse-purée ou à la fourchette.

Ajoutez le beurre en petits morceaux, la crème fraîche (ou de l'huile d'olive pour un goût différent) et le jaune d'œuf. Mélangez bien. Poivrez et, si besoin, salez.

Servez bien chaud.

Les petits conseils de Maïté

Mettez de côté une pomme de terre cuite que vous couperez en tout petits morceaux et mélangerez dans la purée. Ça change tout !

Pommes de terre aux cèpes

PRÉPARATION : 20 MIN
CUISSON : 50 MIN

DIFFICULTÉ :
COÛT :

POUR 6 PERSONNES
1 kg de pommes de terre (charlotte)
500 g de cèpes (petits de préférence)
2 oignons
2 gousses d'ail
1 bouquet de persil
Huile de tournesol
Sel, poivre

Essuyez les cèpes sans les laver. Coupez éventuellement la partie terreuse du pied, puis coupez les champignons en lamelles.

Épluchez les pommes de terre, essuyez-les et coupez-les en rondelles d'1 cm environ.

Dans une sauteuse, faites chauffer 2 cuillerées à soupe d'huile et jetez-y les cèpes. Laissez dorer et réservez.

Rajoutez un peu d'huile et faites dorer les pommes de terre, puis les oignons. Laissez cuire 15 minutes.

Passez le persil sous l'eau et hachez-le au fond d'une verre avec des ciseaux.

Mettez dans la sauteuse les cèpes, l'ail et le persil ciselé et laissez cuire encore 25 minutes.

Les petits conseils de Maïté

Cet accompagnement peut également être servi en plat unique avec une salade verte.

Pennes aux olives noires

Préparation : 10 min
Cuisson : 25 min
Difficulté :
Coût :

Pour 4 personnes

500 g de pennes
500 g de tomates mûres
100 g d'olives noires
2 filets d'anchois à l'huile
1 gousse d'ail pelée
1 petit piment-oiseau
3 pincées d'origan
1 branche de basilic frais
3 cuillerées à soupe d'huile d'olive
30 g de beurre
Sel, poivre

Lavez les tomates, coupez-les, passez-les au moulin à légumes grille fine. Recueillez la purée dans une terrine.

Faites chauffer l'huile dans une casserole, ajoutez le beurre et la gousse d'ail, puis les filets d'anchois. Mélangez à la spatule en bois.

Lorsque les anchois sont réduits en pommade, ajoutez la purée de tomates, l'origan et le petit piment émietté. Laissez mijoter à feu doux pendant 20 minutes.

Pendant ce temps, faites chauffer de l'eau dans une grande marmite, dénoyautez les olives et ciselez les feuilles de basilic. Lorsque l'eau bout dans la marmite, salez-la et plongez-y les pâtes.

Cinq minutes avant la fin de la cuisson de la sauce, ajoutez les olives, salez un peu, poivrez.

Lorsque les pâtes sont *al dente*, mettez-les dans un plat creux, arrosez-les de sauce, parsemez de basilic ciselé et servez aussitôt.

Les petits conseils de Maïté

Hors saison, on peut remplacer le basilic par 1 cuillerée à soupe de persil plat ciselé.

Tagliatelles aux champignons

Préparation : 10 min
Cuisson : 20 min

Difficulté : ✓
Coût : ● ●

Pour 4 personnes

400 g de tagliatelles
150 g de champignons des bois
1 noix de beurre
1 cuillerée à soupe d'huile
4 cuillerées à soupe de crème fraîche
Sel, poivre

Faites cuire les pâtes dans de l'eau bouillante salée, additionnée de 1 cuillerée à soupe d'huile, en fonction du temps indiqué sur l'emballage.

Pendant ce temps, rincez les champignons et égouttez-les. S'ils sont trop gros, coupez-les.

Faites revenir les champignons avec le beurre pendant 8-10 minutes. Salez, poivrez. Ajoutez la crème fraîche.

Égouttez les tagliatelles, versez-les dans le plat de service et nappez de la sauce aux champignons bien chaude.

Mélangez, parsemez éventuellement de persil plat pour décorer et servez.

Les petits conseils de Maïté

Pour une recette plus sophistiquée, remplacez les champignons par de la truffe coupée en lamelles, que vous ferez juste chauffer avec la crème fraîche.

Sauces

32
2,€80
Bouquet d'ail

Desserts

Tartes

Gâteaux

Entremets

Crèmes

Tartes

Tarte tatin

Préparation : 25 min
Cuisson : 30 min
Difficulté :
Coût :

Pour 6 personnes
1 pâte brisée
90 g de beurre
100 g de sucre
800 g de pommes
1 pincée de cannelle (facultatif)

Préchauffez le four à 210 °C (th. 7).

Épluchez les pommes, épépinez-les et coupez-les en quartiers.

Beurrez votre moule à tarte avec 30 g de beurre, puis recouvrez le fond d'une couche de sucre (70 g environ). Disposez les quartiers de pomme dans le moule. Saupoudrez avec le reste de sucre et la cannelle, et répartissez 60 g de beurre au-dessus.

Étendez la pâte au rouleau et disposez-la par-dessus les pommes, en rabattant bien la pâte sur les côtés. Piquez-la avec une fourchette.

Posez 3 minutes le moule sur feu vif afin de caraméliser le sucre qui se trouve dans le fond, puis enfournez 25 à 30 minutes.

Sortez la tarte du four, laissez-la reposer quelques instants avant de renverser le moule sur un plat de service pour que les pommes caramélisées se retrouvent au-dessus.

Dégustez tiède avec de la crème fraîche ou une glace à la vanille.

Les petits conseils de Maïté

Essayez de nouvelles saveurs en réalisant une tatin aux pêches ou aux poires…

Tarte aux figues

PRÉPARATION : 30 MIN
CUISSON : 40 MIN
DIFFICULTÉ :
COÛT :

POUR 6 PERSONNES
1 pâte brisée
800 g de figues fraîches
75 g de poudre d'amandes
75 g de sucre en poudre
Beurre

Faites chauffer le four sur 210 °C (th. 7).

Essuyez les figues, équeutez-les, puis fendez légèrement la partie pointue.

Dans une terrine, mélangez le sucre et les amandes en poudre.

Étalez la pâte dans un moule beurré. Saupoudrez uniformément sur le fond de pâte les deux tiers du mélange sucre-amandes en poudre et disposez les figues par-dessus, côté pointu tourné vers le haut. Saupoudrez-les avec le reste du mélange aux amandes. Enfournez pour 40 minutes.

Servez ce dessert tiède ou froid.

Les petits conseils de Maïté

La saison des figues (fin août-septembre) est de courte durée, ne ratez pas l'apparition de ce fruit délicieux sur les marchés !

Tarte aux pommes à l'alsacienne

Préparation : 20 min
Cuisson : 40 min
Difficulté : ✓
Coût : €

Pour 6-8 personnes
1 pâte brisée
1 kg de pommes
2 œufs
1 petit pot de crème fraîche (20 cl)
25 cl de lait
1 sachet de sucre vanillé
1 cuillerée à café de cannelle en poudre
Sucre glace

Préchauffez le four à 210 °C (th. 7).

Foncez un moule à tarte avec la pâte brisée et piquez le fond avec une fourchette.

Épluchez les pommes et coupez-les en lamelles, puis disposez-les sur la pâte.

Dans un saladier, mélangez les œufs, la crème, le lait, le sucre vanillé et la cannelle, puis versez le tout sur les pommes.

Enfournez et laissez cuire 45 minutes.

Sortez ensuite la tarte et saupoudrez-la de sucre glace. Laissez refroidir.

Les petits conseils de Maïté

Si vous réalisez vous-même la pâte brisée, ajoutez-y un peu de cannelle pour la parfumer.

Gâteaux

Charlotte fermière aux pommes

PRÉPARATION : 30 MIN
CUISSON : 20 MIN
DIFFICULTÉ : 2/3
COÛT : 1/3

POUR 5 PERSONNES
1 baguette de pain rassis
1 kg de pommes
2 cuillerées à soupe de kirsch
50 g de sucre en poudre
25 g de cannelle
125 g de beurre

Préchauffez le four à 240 °C (th. 8).

Coupez le pain rassis en tranches fines que vous ferez dorer à la poêle dans un peu de beurre.

Pelez les pommes et coupez-les en tranches, puis trempez-les rapidement dans le kirsch.

Beurrez copieusement une terrine et saupoudrez-la de sucre, puis alternez une couche de pain doré avec une couche épaisse de pommes en tranches fines, le tout saupoudré de sucre et de cannelle. Recommencez jusqu'à 3 cm du bord de la terrine, puis couvrez et mettez à four chaud (240 °C, th. 8) pendant 15 minutes. Découvrez ensuite et faites cuire encore 10 minutes à four doux (180 °C, th. 6).

Servez tiède.

Les petits conseils de Maïté

Vous pouvez également réserver la charlotte au réfrigérateur et la servir froide.

Gâteau roulé

Préparation : 30 min
Cuisson : 10 min
Repos : 2 h

Difficulté :
Coût :

Pour 6 personnes
100 g de farine
50 g de poudre d'amandes
125 g de sucre en poudre
5 œufs
2 cuillerées à soupe de rhum (facultatif)
1 feuille de papier sulfurisé beurrée
Confiture de fruits rouges
150 g de fraises

Préchauffez le four à 230 °C (th. 7/8). Cassez les œufs en séparant les blancs des jaunes. Dans une terrine, mélangez le sucre et les jaunes d'œufs, battez jusqu'à ce que le mélange fasse le ruban. Ajoutez la farine et la poudre d'amandes, mélangez pour bien incorporer aux œufs.

Battez les blancs en neige, prenez-en 2 cuillerées à soupe et mélangez-les à la pâte en tournant. Ajoutez le reste des blancs en neige délicatement en soulevant la pâte.

Versez dans le couvercle d'une boîte à biscuits au fond de laquelle vous aurez mis une feuille de papier sulfurisé beurrée.

Cuisez à four chaud.

Pendant ce temps, préparez un torchon humide et, dès que le gâteau est cuit, posez-le sur le torchon avec le papier sulfurisé. Laissez refroidir.

Tartinez de confiture et de rhum. Parsemez de petit morceaux de fraises. Roulez très serré le gâteau, enveloppez-le avec le papier sulfurisé doublé du torchon. Attendez 2 heures qu'il ait pris sa forme.

Décorez le plat avec quelques fraises et des fruits rouges.

Les petits conseils de Maïté

Ce gâteau roulé se réalise avec toutes les gelées et confitures de fruits de votre choix. Vous pouvez également le napper d'un mélange de chocolat (200 g), de crème fraîche liquide (20 cl) et de beurre (60 g) que vous aurez fait refroidir avant d'en recouvrir le gâteau.

Clafoutis aux abricots

PRÉPARATION : 25 MIN
CUISSON : 50 MIN
DIFFICULTÉ :
COÛT :

POUR 6 PERSONNES
1,5 kg d'abricots bien mûrs
75 cl de lait
3 œufs
75 g de farine
230 g de sucre en poudre

Préparez la pâte. Battez au fouet les œufs entiers avec 180 g de sucre puis ajoutez la farine et le lait. Mélangez bien.

Lavez les abricots, essuyez-les avant de les couper en deux et de les dénoyauter.

Beurrez un moule à tarte et saupoudrez-le d'une fine couche de sucre. Déposez dans le fond du plat les oreillons d'abricots en les serrant bien les uns contre les autres. Versez la pâte sur les fruits.

Mettez à cuire à four moyen (180 °C, th. 6) pendant 20 minutes. Saupoudrez le clafoutis avec le reste de sucre puis remettez-le à cuire 30 minutes, jusqu'à ce qu'il soit bien doré.

Les petits conseils de Maïté

Cette recette vous permettra de réaliser le traditionnel clafoutis au cerises, mais aussi aux poires, aux pêches...

Variez la quantité de sucre en fonction de l'acidité du fruit utilisé.

Bûche aux marrons

Préparation : 60 min
Cuisson : 15 min
Repos : 2 h

Difficulté :
Coût :

Pour 8 personnes

Pour la génoise
4 œufs
100 g de sucre en poudre
1 sachet de sucre vanillé
75 g de Maïzena
25 g de farine
1 pincée de sel
1/2 sachet de levure alsacienne
30 g de poudre d'amandes

Pour la crème de marrons et chocolat
170 g de chocolat pâtissier sucré
600 g de purée de marrons
Un peu d'eau

Pour le sirop
50 g de sucre
Un peu de rhum
300 ml d'eau

La génoise

Séparez les blancs des jaunes. Versez les jaunes dans une terrine avec les sucres, battez-les jusqu'à obtention d'un mélange blanc légèrement mousseux.

Tamisez la farine et la Maïzena avant de les ajouter au mélange. Ajoutez la levure, le sel, et la poudre d'amandes. Battez les blancs en neige très ferme, et incorporez-les peu à peu en soulevant la masse par le dessous.

Étalez du papier sulfurisé sur une tôle rectangulaire 37x27 environ (avec des rebords de 15 mm environ). Étendez la pâte liquide en égalisant avec une spatule. Placez la tôle dans le four préchauffé à 150 °C (th. 5), faites cuire 10 minutes en surveillant la cuisson. La pâte doit à peine blondir. Sortez la tôle du four et recouvrez-la d'un torchon sec, puis laissez tiédir.

La crème de marrons et chocolat

Dans une casserole, videz la boîte de marrons, cassez le chocolat en morceaux et ajoutez un peu d'eau. Mettez sur feu très doux, remuez de temps en temps et ajoutez de l'eau quand le mélange devient sec (attention à ce que ça ne colle pas dans la casserole). Une fois le mélange fondu, réservez-le.

Le sirop

Dans une casserole, faites chauffer sur feu doux 50 g de sucre en poudre et 300 ml d'eau environ. Remuez pour dissoudre le sucre et laissez réduire 5 minutes. Quand le mélange est chaud, retirez du feu et ajoutez un peu de rhum (suivant votre goût).

Garnir le gâteau

Retournez la génoise sur le torchon, papier sulfurisé sur le dessus. Retirez le papier délicatement.

À l'aide d'une cuillère à soupe, versez le sirop encore chaud sur la génoise, de façon à se qu'elle soit uniformément mouillée (n'oubliez pas les coins !). Étalez ensuite la crème de marrons sur la génoise à l'aide d'une spatule.

Roulez la génoise sur elle-même (dans le sens de la longueur), enroulez-la assez serrée dans le torchon, et placez-la au frigo sur un plateau environ 2 h.

Sortez la bûche du frigo et déroulez délicatement le torchon. Mettez la bûche sur un plat et coupez les extrémités de la bûche, à environ 1,5 cm du bord.

Les petits conseils de Maïté

Vous pouvez préparer à l'avance les pâtes contenant des blancs en neige à condition de battre et d'ajouter les blancs au dernier moment.

Sugar
300
275
250
225
200

Moelleux au chocolat

Préparation : 20 min
Cuisson : 30 min
Difficulté :
Coût :

Pour 6 à 8 personnes
400 g de chocolat noir
200 g de beurre mou coupé en petits morceaux
6 œufs
150 g de sucre
150 g de poudre d'amandes
60 g de farine

Préchauffez votre four à 180 °C (th. 6).

Cassez les œufs et séparez les blancs des jaunes.

Cassez le chocolat en morceaux et faites-le fondre dans une casserole au bain-marie ou au micro-ondes (avec un peu d'eau). Sortez le chocolat fondu du bain-marie et ajoutez-y le beurre, les jaunes d'œufs, le sucre, la farine et la poudre d'amandes. Mélangez jusqu'à obtention d'une pâte bien homogène.

Battez les blancs en neige très ferme et incorporez-les à la pâte. Beurrez un moule à manqué et versez-y la préparation au chocolat. Mettez au four pour une trentaine de minutes.

Les petits conseils de Maïté

Pour obtenir des blancs en neige bien fermes, ajoutez-leur un peu de sucre glace.

Le gâteau du mercredi avec mes petites-filles : le moelleux au chocolat

Crêpes Suzette

Préparation : 20 min
Cuisson : 10 min
Difficulté :
Coût :

Pour 4 personnes (12 crêpes)

Pour la pâte à crêpe :
150 g de farine
2 œufs
30 cl de lait
1 cuillerée à soupe d'huile
1 pincée de sel

Pour la garniture :
40 g de beurre
3 oranges
3 citrons
Sucre
2 verres à liqueur de Grand Marnier

Dans un saladier, mettez la farine, la pincée de sel et les œufs entiers. Battez au fouet en incorporant petit à petit le lait. Ajoutez l'huile et mélangez à nouveau. Laissez reposer 2 heures.

Au moment de confectionner les crêpes, si la pâte ne vous semble pas assez fluide, n'hésitez pas à la rallonger avec un peu d'eau. Beurrez la poêle et lorsqu'elle est bien chaude, versez une louche de pâte et faites cuire jusqu'à ce que la crêpe se décolle, avant de la retourner. Faites ainsi 12 crêpes, que vous pouvez préparer à l'avance.

Pressez oranges et citrons et réservez leur jus.

Peu de temps avant de servir les crêpes, saupoudrez de sucre en poudre le fond d'une poêle chaude. Lorsqu'il commence à caraméliser, ajoutez les jus de citron et d'orange. Faites réduire tout doucement jusqu'à obtention d'un caramel blond. Ajoutez le beurre en morceaux et incorporez-le au caramel. Flambez au Grand Marnier et laissez réduire.

Passez les crêpes une à une dans le jus obtenu. Pliez-les en deux, puis encore en deux, afin de bien les imprégner de jus. Disposez les crêpes chaudes dans l'assiette de service au fur et à mesure. Nappez l'ensemble avec le jus restant.

Les petits conseils de Maïté

Les crêpes Suzette n'aiment pas attendre ; servez-les sans tarder.

Vous pouvez varier la garniture selon vos envies et parfumer les crêpes avec du rhum, de la fleur d'oranger, etc.

Pour des crêpes plus légères, remplacez 1/3 du lait par un verre de bière.

Entremets

Gratin de poires

PRÉPARATION : 20 MIN
CUISSON : 1 H 30
DIFFICULTÉ :
COÛT :

POUR 6 PERSONNES

1 pâte feuilletée
1 kg de poires
250 g de sucre roux
100 g de noix concassées
1 cuillerée à café de cannelle en poudre
70 g de beurre
1 jaune d'œuf

Garnissez le fond du plat d'une couche de tranches de poire. Mélangez le sucre, les noix et la cannelle puis saupoudrez-en les poires.

Recouvrez de petits morceaux de beurre. Étalez la pâte à la dimension du plat, recouvrez-en les poires en prévoyant 2 cm de plus de chaque côté.

Vous aurez pris soin auparavant de mouiller les bords du plat afin d'y coller la pâte. Dorez au jaune d'œuf et faites cuire à four doux (150 °C, th. 5) pendant 1 h 30 environ.

Il existe une autre version de ce gratin.

Beurrez largement un plat à gratin, disposez-y les poires émincées, en couronnes superposées, en inversant à chaque tour le sens des tranches.

Dans le vide formé par la couronne, mettez deux bonnes cuillerées à soupe de la confiture de votre choix. Saupoudrez le tout de macarons écrasés, parsemez largement de noisettes de beurre.

Mettez à four assez chaud 30 à 40 minutes.

Les petits conseils de Maïté

Dans des petits moules, vous pouvez également confectionner des gratins individuels.
Ce gratin est réalisable avec de nombreux autres fruits, selon vos envies.

Crème brûlée

PRÉPARATION : 10 MIN
CUISSON : 1 H
RÉFRIGÉRATION : 2 H

DIFFICULTÉ :
COÛT :

POUR 6 PERSONNES
8 jaunes d'œufs
200 g de sucre en poudre
1 gousse de vanille fendue en deux
1 l de crème fraîche liquide très froide
Cassonade

Préchauffez le four à 90-95 °C (th. 3).

Blanchissez les jaunes d'œufs avec le sucre au fouet à main. Ajoutez la crème fraîche puis les petites graines de la gousse de vanille. Fouettez jusqu'à obtention d'une crème homogène et versez dans six ramequins en terre cuite. Glissez au four 1 heure environ. Au terme de la cuisson, laissez refroidir et réservez au réfrigérateur.

Au moment de servir, saupoudrez la surface de la crème de cassonade et caramélisez-la au fer rouge ou sous le gril du four. Servez sans attendre.

Les petits conseils de Maïté

Pour être réussie, la crème brûlée ne doit pas bouillir, par conséquent le four ne doit pas atteindre 100 °C. Pour caraméliser la crème, le chalumeau est le meilleur moyen.

Mousse au chocolat

Préparation : 30 min
Réfrigération : 4 h

Difficulté :
Coût :

Pour 4-6 personnes
200 g de chocolat noir à pâtisser
50 g de beurre
3 jaunes d'œufs et 5 blancs
125 g de sucre en poudre

Dans une casserole au bain-marie, faites fondre le chocolat en morceaux avec le beurre.

Cassez les œufs dans un saladier, en séparant les blancs des jaunes. Battez au fouet à main les jaunes avec le sucre jusqu'à ce que le mélange blanchisse. Ajoutez ensuite le chocolat fondu et mélangez bien à l'aide d'une cuillère en bois.

Battez en neige très ferme les blancs d'œufs. Incorporez-les délicatement dans le saladier avec une cuillère en bois, en soulevant toujours le mélange de bas en haut, afin de ne pas faire retomber les blancs battus.

Laissez reposer plusieurs heures au réfrigérateur avant de déguster.

Râpez des copeaux de chocolat sur la mousse avant de servir.

Les petits conseils de Maïté

Incorporez un peu de zeste d'orange dans votre préparation : orange et chocolat se marient parfaitement.

Vous pouvez également jouer sur les couleurs en réalisant des mousses aux chocolat blanc et chocolat au lait.

Crèmes

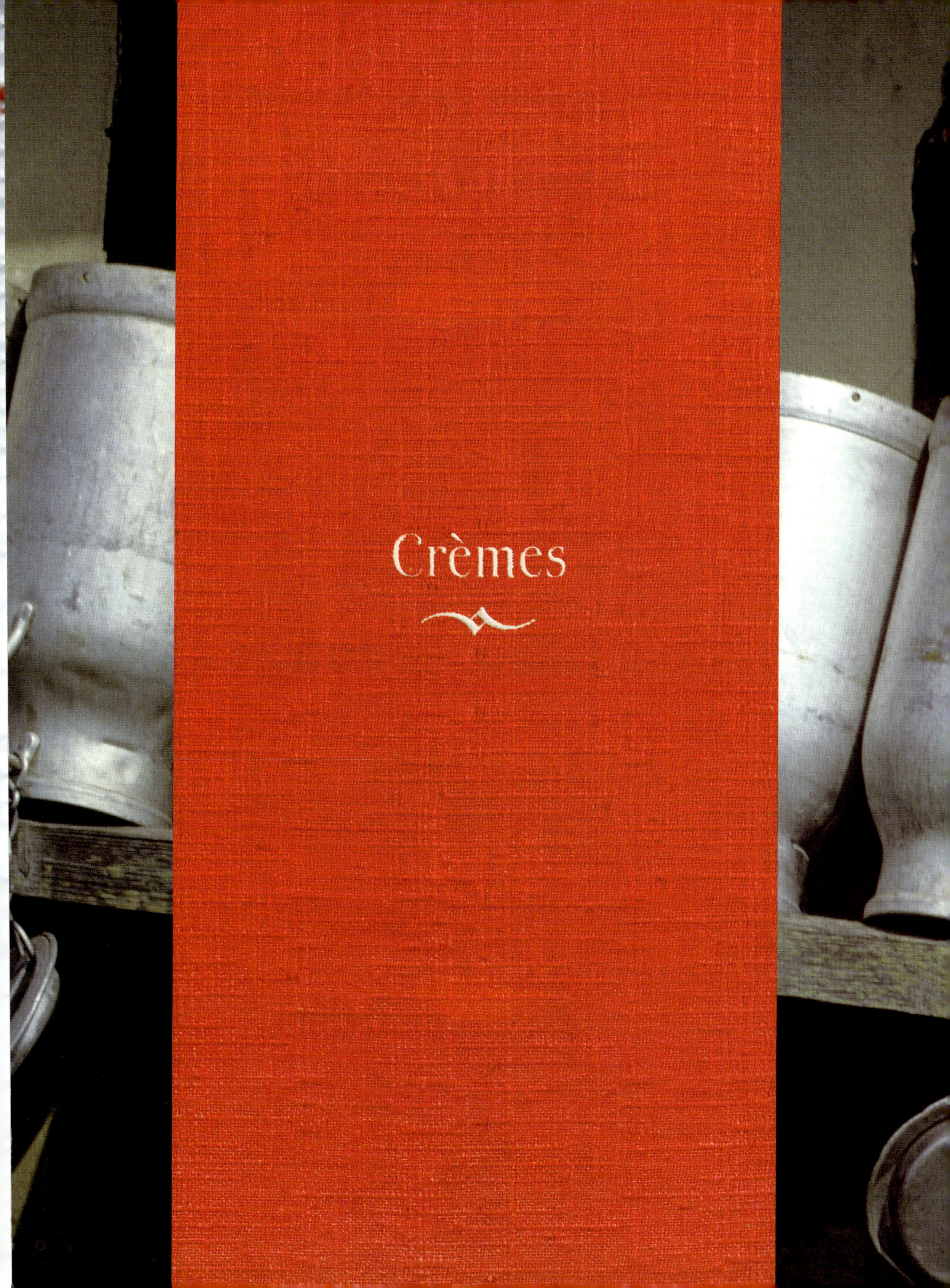

Annexes

Quantifiez les ingrédients

Les modes et les temps de cuisson

Accords gourmands des mets et des vins

650 550 450 350 250 150 50
POUR PESÉES SUPÉRIEURES À UN KILOG
ADDITIONNER LES POIDS PLACÉS SUR LE PLATEAU AVEC
LE POIDS INDIQUÉ PAR LE CADRAN
GRADUATION PAR 5 g
PORTÉE MINI. 100 g
PORTÉE MAXI. 15 kg
pékét

Quantifiez les ingrédients

Il est tout à fait possible de peser et de mesurer ses ingrédients sans balance ni verre doseur, objets certes très utiles mais qui s'avèrent aussi très encombrants ! Une cuillère à soupe ou une tasse à café sont tellement plus faciles d'accès !

LES SOLIDES

Ingrédients	1 cuill. à café	1 cuill. à soupe	1 verre
Beurre	5 g	15 g	–
Cacao	4 g	10 g	90 g
Café moulu	5 g	11 g	100 g
Farine	5 g	15 g	80 g
Fécule	6 g	17 g	95 g
Gruyère râpé	4 g	12 g	70 g
Maïzena	4 g	12 g	60 g
Riz cru	–	18 g	110 g
Riz cuit	8 g	25 g	140 g
Sel fin	5 g	15 g	170 g
Semoule	4 g	12 g	150 g
Sucre en poudre	6 g	15 g	120 g

Ingrédients	**Poids**
1 œuf moyen	50 g
10 pommes de terre moyennes	1 kg
10 tomates moyennes	1 kg
8 pêches moyennes	1 kg

LES LIQUIDES (Eau, lait, huile, alcool, crème, moutarde, etc.)

Mesure	**Contenance**
1 cuillerée à café	0,5 cl
1 cuillerée à soupe	2 cl
1 verre	12,5 cl
1 tasse à café	10 cl
1 pot de yaourt	5 cl
6 cuillerées à soupe	20 cl
1 verre	20 cl

Les modes et les temps de cuisson

Voici, sous forme de tableaux, quelques équivalences à retenir.

LE FOUR : le réglage du thermostat

Thermostat	Température	Recettes
1/2	30 à 50 °C (tiède)	• Fruits et légumes sucrés
2/3	60 à 80 °C (doux)	• Plats à réchauffer ou à réserver au chaud
3/4	90 à 120 °C (modéré)	• Crème renversée, œufs au lait
4/5	130 à 160 °C (moyen)	• Flans, gratins, légumes farcis
		• Volailles ou poissons en papillotes
		• Cake, génoise, quatre-quarts
6/7	180 à 210 °C (chaud)	• Terrines, soufflés
		• Pizzas, quiches, tartes
		• Lasagnes
		• Poulet à la broche
		• Ragoûts, gigots, rôtis
		• Fonds de tarte
8/9	240 à 270 °C	• Poissons entiers (très chaud)
		• Grillades (viande rouge, agneau, etc.)
		• Pommes au four
10	280 à 300 °C (gril)	• grillades
		• Pain grillé
		• Finition des gratins et crèmes brûlées

ÉQUIVALENCES TEMPÉRATURES/THERMOSTAT

Thermostat	Température	Thermostat	Température
Thermostat 3	90 °C	Thermostat 8	240 °C
Thermostat 4	120 °C	Thermostat 9	270 °C
Thermostat 5	150 °C	Thermostat 10	300 °C

LES LÉGUMES : des temps de cuisson variant selon le mode de cuisson

Légumes	Modes de cuisson	Temps de cuisson
Artichauts	• à l'eau bouillante	45 min
	• à l'autocuiseur	15 min
	• au micro-ondes	8 min
Asperges	• à l'eau bouillante	20 min
	• à l'autocuiseur	5 min
	• au micro-ondes	5 min
Aubergines	• au four	20 min
	• à l'autocuiseur	5 min
	• au micro-ondes	6 min
Brocolis	• à l'eau bouillante	15 min
	• à l'autocuiseur	4 min
	• au micro-ondes	8 min
Carottes	• à l'eau bouillante	40 min
	• à l'autocuiseur	6 min
	• au micro-ondes	7 min
	• Vichy	45 min
Céleri-rave	• à l'eau bouillante	30 min
	• à l'autocuiseur	6 min
	• au micro-ondes	20 min
Chou	• à l'eau bouillante	15 min
	• à l'autocuiseur	7 min
	• au micro-ondes	10 min
Chou-fleur	• à l'eau bouillante	10 min
	• à l'autocuiseur	4 min
	• au micro-ondes	7 min
Courgettes	• à l'autocuiseur	8 min
	• au micro-ondes	7 min
	• dans une sauteuse	25 min
Endives	• à l'autocuiseur	12 min
	• au micro-ondes	12 min
Fenouil	• à l'eau bouillante	15 min
	• à l'autocuiseur	16 min
	• au micro-ondes	18 min

Haricots verts	• à l'eau bouillante	20 min
	• à l'autocuiseur	7 min
Lentilles	• versées dans l'eau froide	1 h
	• à l'autocuiseur	15 min
Navets	• à l'eau bouillante	20 min
	• à l'autocuiseur	7 min
Petits pois	• à l'eau bouillante	20 min
	• à l'autocuiseur	3 min
	• au micro-ondes	6 min
	• dans une sauteuse	30 min
Poireaux	• à l'eau bouillante	20 min
	• à l'autocuiseur	5 min
	• au micro-ondes	12 min
Pois cassés	• versés dans l'eau froide	1 h 30
	• à l'autocuiseur	14 min
Pommes de terre	• à l'eau bouillante	30 min
	• à l'autocuiseur	10 min
	• au micro-ondes	9 min
	• sautées à cru	30 min
	• à la sauteuse	30 min
	• en robe des champs	30 min
Tomates	• au four	10 à 15 min
	• dans une sauteuse	8 à 10 min
	• au micro-ondes	4 min

LES ŒUFS ET LES DIFFÉRENTS MODES DE PRÉPARATION

Recette	Modes de cuisson	Temps de cuisson
• À la coque	dans l'eau bouillante	2 min et demie après ébullition
• Mollets	dans l'eau bouillante	5 min après l'ébullition
• Durs	dans l'eau bouillante	10 min après l'ébullition
• Cocotte	au four, au bain-marie	5 à 6 min
• Frits	dans l'huile chaude	3 à 4 min
• Pochés	dans l'eau frémissante	3 min
• Au plat	à la poêle, à feu doux	4 à 5 min
• Brouillés	au bain-marie, en remuant constamment	5 à 6 min
• En omelette	à la poêle	4 à 5 min

Accords gourmands des mets et des vins

LES ACCORDS CLASSIQUES

Type de plat	Type de vin
• Salade et crudités en vinaigrette	Vin non conseillé
• Entrées froides	Blanc sec ou rouge léger
• Entrées chaudes	Blanc sec ou rouge léger
• Foie gras	Champagne ou sauternes
• Soupes	Vin non conseillé ou un vin de pays léger
• Œufs	Bordeaux jeune et léger ou vin de cuisson
• Charcuterie	Un grand rouge
• Poissons	Blanc sec plus ou moins jeune, blanc de Loire ou bourgogne (aligoté) pour un plat en sauce
• Fruits de mer et crustacés	Blanc sec : muscadet, pouilly, sancerre, alsace, etc.
• Viandes rouges	Vin rouge : bordeaux corsé (saint-émilion, graves), bourgogne (côte-de-nuits, chambertin), vin du Sud-Ouest (cahors) ou côtes-du-rhône (châteauneuf-du-pape, côte-rôtie)
• Viandes blanches ou volailles	Vin rouge plus léger : bordeaux léger, beaujolais, vin de Loire rouge (chinon, saumur), bourgogne léger (côte-de-beaune)
• Gibiers	voir viandes rouges ou viandes blanches selon le gibier
• Légumes et garnitures	Vin servi avec la viande ou le poisson
• Fromage	Vin rouge
• Desserts	Champagne

LES UNIONS PLUS ORIGINALES

Type de plat	Type de vin
• Foie gras	Grand rouge chambré
• Charcuterie grasse ou puissante	Blanc vif (gamay de Touraine) (rillettes ou andouille)
• Fromage (chèvre, roquefort)	Blanc moelleux (sauternes, jurançon)
• Huîtres	Vin rouge jeune et léger (collioure ou bordeaux)
• Salade et crudités en vinaigrette	Blanc acide (entre-deux-mers) ou rouge fruité et léger (beaujolais, gamay)
• Poissons	Vin rouge léger (vins de Loire type sancerre)
• Viandes blanches	Sauternes (recette sucrée-salée)
• Friture de poissons	Vouvray pétillant
• Gâteau au chocolat	Rouge puissant et très tannique

TEMPÉRATURES DE SERVICE DES VINS

Vin	Température
Blanc sec	8 à 10 °C
Blanc moelleux	10 à 12 °C
Rosé	8 à 12 °C
Rouge	16 à 19 °C
Rouge jeune	12 à 14 °C
Vin doux et vin naturel	8 à 12 °C
Champagne	8 à 10 °C
Champagne grande cuvée	12 °C

BON À SAVOIR

• Lors de la composition de votre table, comptez une bouteille de vin pour trois personnes et une bouteille de champagne pour quatre.

• Ordre théorique du service au cours du repas : si le menu comporte plusieurs vins, il est recommandé d'aller du blanc au rouge, du plus frais au plus chambré, du plus léger au plus corsé. Mais il n'est pas exclu de servir un verre de sauternes – ou de champagne – après un très bon rouge.

• Faire décanter les vins rouges vieux en les transvasant dans une carafe plusieurs heures avant le service (voire une demi-journée pour une très vieille bouteille), cela libère leurs arômes et évite de boire avec du dépôt.

• Ouverture des bouteilles : une à deux heures avant le repas pour un rouge millésimé (notamment les bordeaux) ; une demi-heure avant pour un bourgogne.

DE GASCOGNE

Index

Index des recettes

Index des ingrédients

Table des recettes

Index des recettes

Index des ingrédients

Table des recettes

Entrées

Entrées chaudes

Entrées froides

Tartes salées et feuilletés

Soupes

Plats

Poissons

Viandes

Plats uniques

Accompagnements

Sauces

Desserts

Tartes

Gâteaux

Entremets

Crèmes

Remerciements

Je remercie chaleureusement toutes les personnes qui, de près ou de loin, ont participé à l'élaboration de ce livre et en particulier :

L'équipe de mon restaurant
Jacques Dutruel (ferme gasconne du pays d'Orthe)
La famille Planté (EARL Planté)
Kiki Barucq (charcuterie-conserverie)
La famille Etchecopar (ferme « La Motte »)
M. et Mme Sansen (poissonnerie du marché de Dax)
Marc Bouillet (boucherie du marché de Dax)
Bruno Fontanella (boucherie du marché de Sannois)
Philippe Poulain (poissonnerie du marché de Sannois)
Camille et Perrine Ordonez, mes petites-filles

Merci également à

Chantal Gauzère de la Broderie de Lomagne
Le Bleu de Lectoure
Terafeu Terafour
Linum
Artiga

Crédits photographiques

Toutes les photos figurant dans ce livre
sont de Frédérique Le Calvez.

À l'exception de :

Sucré Salé
p. 8, 64, 224, 231 : Christine Fleurent
p. 21, 27, 99, 121 : Fabrice Subiros
p. 46-47, 54 : Pierre Hussenot
p. 51 : Poisson d'avril
p. 79 : A. Muriot
p. 85, 182-183 : J. Bilic
p. 105, 138, 157, 238 : Ryman Cabannes
p. 115, 197 : Roulier Turiot
p. 118 : E. Fénot
p. 134-135 : Manceau
p. 160-161, 173, 179, 223 : H. Amiard
p. 190-191 : Mauritius Images
p. 226-227 : Dieterlen

Scope
p. 16-17, 200-201, 232-233 : J. Guillard
p. 28-29 : N. Hautemanière
p. 60-61 : F. Jalain
p. 72-73 : B. Galeron
p. 92-93 : P. Desclos
p. 132-133 : J.L. Barde

Stylisme culinaire
Annie Roussillon
Didier Robert
Catherine Moreau

Maquette
Nadège Duruflé

Illustration
Isabelle Dupont

Direction éditoriale
Marie Dreyfuss
Cécile Beaucourt
Alexandra Zbikowski

Photogravure : IGS
Achevé d'imprimer en Espagne par Mateu-Cromo

Dépôt légal : novembre 2006
ISBN : 2-7499-0533-8
LAF 843